湖南省教育科学"十四五"规划专项重点课题"高校政府采购内部控制机制研究"研究成果（编号：XJK23ACJ005）

高校政府采购内部控制机制研究

彭十一　黎振强　著

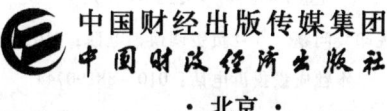

中国财经出版传媒集团
中国财政经济出版社
·北京·

图书在版编目（CIP）数据

高校政府采购内部控制机制研究 / 彭十一，黎振强著. -- 北京：中国财政经济出版社，2025.7. -- ISBN 978-7-5223-4090-6

Ⅰ.G647.5

中国国家版本馆CIP数据核字第2025NN7671号

责任编辑：田明晖　　　　　　　责任校对：胡永立
封面设计：孙俪铭　　　　　　　责任印制：史大鹏

高校政府采购内部控制机制研究
GAOXIAO ZHENGFU CAIGOU NEIBU KONGZHI JIZHI YANJIU

中国财政经济出版社 出版

URL：http://www.cfeph.cn

E-mail：tianmh@cfemg.cn

（版权所有　翻印必究）

社址：北京市海淀区阜成路甲28号　邮政编码：100142

营销中心电话：010-88191522　编辑部门电话：010-88190670

天猫网店：中国财政经济出版社旗舰店

网址：https://zgczjjcbs.tmall.com

涿州汇美亿浓印刷有限公司印刷　各地新华书店经销

成品尺寸：170mm×240mm　16开　12.5印张　190 000字

2025年7月第1版　2025年7月河北第1次印刷

定价：60.00元

ISBN 978-7-5223-4090-6

（图书出现印装问题，本社负责调换，电话：010-88190548）

本社质量投诉电话：010-88190744

打击盗版举报热线：010-88191661　QQ：2242791300

前　言

《高校政府采购内部控制机制研究》是在作者主持的湖南省教育科学"十四五"规划——教育财建研究专项省级重点资助课题最终研究成果的基础上完成的一部专著。该课题于2023年立项，经过几年的全面深入研究，本书才得以完成。在此，我谨代表课题组全体人员向对本课题立项、研究、出版等过程给予各方面支持的相关领导、专家学者、责任编辑表示诚挚的敬意与感谢！

高校是由政府财政资金全额拨款的行政事业单位，其物资采购，均需纳入政府采购管理范围，受政府采购相关法律法规的约束。政府采购是各级政府和行政事业单位向社会购买产品和服务的行为，它是政府和行政事业单位建立、维持公共事业和公共工程的手段，也是国家进行宏观经济调控的工具。内部控制作为一种有效的预防和控制风险的方法，从防止发生错误或者舞弊发展到为组织目标提供合理保证，我国理论界和实务界一直在进行深入的探讨和研究。2012年财政部出台《行政事业单位内部控制规范（试行）》，2016年教育部颁布《教育部直属高校经济活动内部控制指南（试行）》，由此开启了高校内部控制建设的新起点。各高校在政府推动和以评促建下，经过2017年的内部控制建设年，初步建成了高校内部控制体系并持续改进，在规范高校经济活动和加强高校治理中发挥着重要作用。

目前大多数高校现行的政府采购内部控制体系大多是模仿一般行政事业单位内部控制体系来建立，鲜少针对高校自身特点和实际情况来制定高校政府采购内部控制体系。由于高校与一般行政事业单位存在本质区别，相较于一般行政事业单位来说，高校具有教育和科研两个重要的基本职能，从而使高校政府采购具有采购种类多样、采购数量大、专业性较强、验收手续复杂等特点，从而导致高校政府采购内部控制体系在实际运作时出现过于形式化、适用性不强等问题。由于政府采购被称为"阳光下的采购"，追求的目标是公开公平透明，然而目前行政事业单位虽然建立起政府采购内部控制制度，但缺乏落实等现象广泛存在；同时政府采购又是廉政风险的高发地带，因此开展高校行政事业单位的政府采购内部控制机制的研究，对高校提升行政事业单位依法采购能力、提高财政资金的使用效率、强化国家宏观调控力度、实现政府采购政策性目标、推进建设更加透明的廉洁政府，都将有重要的研究意义。

全书共七章，第一章绪论是全书的背景分析。主要阐述了选题的研究背景及意义，通过对国内外文献的阅读与总结，从关于政府采购的研究和对内部控制的研究两个方面，对相关文献进行述评，为后续的研究内容及思路等提供指引。第二章是理论框架部分。主要对政府采购、高校政府采购、内部控制、高校政府采购内部控制进行概念界定，然后就委托代理理论、博弈论、寻租理论、信息不对称理论、公共选择理论、公共管理理论等相关理论在高校政府采购实施的全过程周期中的应用进行初步分析，为相关理论在下文中的分析提供理论基础。第三章是机制分析部分。主要结合高校政府采购的特点，阐述高校政府采购业务内部控制的原则、目标、内容等，然后结合财政部颁布实施的《行政事业单位内部控制规范（试行）》和教育部颁布的用于有效指导高校推进内部控制建设的《教育部直属高校经济活动内部控制指南（试行）》文件精神，基于《企业内部控制基本规范》理论框架体系，从控制环境、风险评估、控制活动、信息与沟通、监督5个维度提出高校政府采购业务内部控制要点和框架体系。第四章 H 高校政府采购业务内部控制现状分析。首先阐述 H 高校的基本情况，然后结合 H 高校 2018－2023 年政府采购数据对 H 高校政府采购现状进行描述，并从内部控制五要素入手对其政府采购业务的现状进行阐述，明确 H 高校政府采购业务内部控制现状。第五章 H 高校政府采购内部控制有效性评价分析。本部分以 H 高校为案例对象，将层次分析法与模糊综合评价法有机结合，建立政府采购内部控制评价指标体系，采用层次分析法确定各指标权重，模糊综合评价确定各项评价指标综合得分，以此来发现政府采购内部控制制度中存在的缺陷，为 H 高校优化健全内部控制制度提供参考。第六章 H 高校政府采购内部控制存在的问题及原因分析。本部分是在前文 H 高校政府采购内部控制现状及有效性分析评价的基础上，通过问卷调查，利用结构方程模型找出影响 H 高校政府采购内部控制五要素中存在的具体问题，然后分析、查找具体原因。第七章 H 高校政府采购内部控制的优化方案。本部分是在第四章至第六章研究内容的基础上，提出内部控制优化的原则和目标，并结合 H 高校政府采购内部控制现状，从 COSO 内部控制五要素对 H 高校政府采购的制度进行优化，从而达到内部控制的目标。

本书研究的实践意义在于：有利于规范高校政府采购行为，减少采购过程中贪污腐败现象的发生；有助于规避高校政府采购风险，促进其高质量发展。

本书实现的创新主要体现在以下几点：

一是学术思想的特色和创新：本书应用委托代理理论、风险管理理论、公共选择理论和公共财政理论，结合政府采购各项工作要求和具体特点，从内部控制视角来论述如何构建高校政府采购内部控制机制，进一步丰富了地方高校政府采购内部控制机制建设的相关理论。

二是学术观点的特色和创新：本书基于企业内部控制理论，从控制环境、风险评估、控制活动、信息与沟通、监督5个维度展开研究，重点识别、评估高校政府采购工作各个环节的风险并提出应对措施，建立起适合高校特点的政府采购内部控制框架体系。

三是研究方法方面的特色和创新：本书优化整合案例法、访谈法与实证分析法等，克服了单一视角研究思路的局限性。

本书引用了大量参考文献，其中绝大多数都以注释注明。但是受限于所掌握的资料，导致可能存在一些疏漏、错误，特在此做出说明，向参考文献涉及的作者表示感谢，并就可能存在的疏漏、错误向有关作者致歉，同时由于各种原因，本书一定存在着不足、偏差乃至错误，在此恳请有关专家、领导、读者批评指正。

作者

2025年5月

目　　录

第一章　绪论 …………………………………………………（ 1 ）
　第一节　研究背景及意义 …………………………………（ 2 ）
　第二节　文献综述 …………………………………………（ 7 ）
　第三节　高校政府采购内部控制相关文献计量分析 ……（ 10 ）
　第四节　研究思路与方法 …………………………………（ 18 ）
　第五节　研究内容与主要目标 ……………………………（ 21 ）

第二章　高校政府采购内部控制相关概念与理论基础 …（ 23 ）
　第一节　高校政府采购内部控制的概念 …………………（ 24 ）
　第二节　高校政府采购内部控制理论基础 ………………（ 31 ）

第三章　高校政府采购内部控制机制分析 ………………（ 44 ）
　第一节　高校政府采购工作的特点 ………………………（ 45 ）
　第二节　高校政府采购业务的方式及流程 ………………（ 48 ）
　第三节　高校政府采购内部控制的目标和方法 …………（ 61 ）
　第四节　基于内部控制视角的高校政府采购机制构建 …（ 66 ）

第四章　H 高校政府采购内部控制运行现状 ……………（ 76 ）
　第一节　H 高校基本情况概述 ……………………………（ 77 ）
　第二节　H 高校政府采购现状 ……………………………（ 80 ）
　第三节　H 高校政府采购内部控制现状 …………………（ 85 ）

第五章　H 高校政府采购内部控制有效性评价分析 …………（ 97 ）
　　第一节　高校政府采购内部控制评价指标体系构建 ………（ 98 ）
　　第二节　H 高校政府采购内部控制有效性的模糊综合评价
　　　　　　……………………………………………………（102）
　　第三节　H 高校政府采购内部控制关注的重点与举措 ……（117）

第六章　H 高校政府采购内部控制存在的问题及原因分析 ……（121）
　　第一节　H 高校政府采购内部控制影响因素调查分析 ……（122）
　　第二节　H 高校政府采购内部控制存在的问题及原因分析
　　　　　　……………………………………………………（134）

第七章　H 高校政府采购内部控制的优化方案 ………………（143）
　　第一节　H 高校政府采购内部控制改进的目标 ……………（144）
　　第二节　H 高校政府采购内部控制改进的原则 ……………（146）
　　第三节　完善内部控制环境 …………………………………（149）
　　第四节　建立和完善风险评估机制 …………………………（153）
　　第五节　强化控制活动 ………………………………………（156）
　　第六节　完善信息与沟通 ……………………………………（166）
　　第七节　强化内外监督力度 …………………………………（167）

参考文献 ………………………………………………………（172）

附录 1　高校政府采购内部控制相关法律制度 …………………（183）
附录 2　H 高校政府采购内部控制调查问卷 ……………………（186）
附录 3　H 高校政府采购内部控制工作访谈提纲 ………………（190）

第一章

绪 论

第一节 研究背景及意义

一、研究背景

我国最初于20世纪90年代，通过政策法规的形式开始在全国范围内，推行内部控制制度建设。首部体现内部控制制度建设的法律是《中华人民共和国会计法》，该法第二十五条明确提出："各单位应当建立、健全本单位内部会计监督制度"[1]。我国行政机关和企事业单位经过20多年建设与发展，目前都已基本建立了内部控制的相关制度体系。《行政事业单位内部控制规范（试行）》自2014年1月1日起开始在全国范围内实施，对建立、完善、管理、监督行政事业单位的内部控制体系，提出了更加细致且具体的要求[2]。这一方面说明国家对内部控制体系在行政事业单位中的重视程度，另一方面也要求行政事业单位必须逐步、迅速地完善本单位的内部控制制度。

1996年，上海在政府采购试点方面，率先开始，走在全国前列[3]。2003年，国家正式出台《中华人民共和国政府采购法》[4]，并在全国范围内正式实施，这进一步表明：国家对政府采购工作的重视程度，明确规范了我国政府采购的各种行为，从法律制度层面予以规范。随后，随着我国政府采购业务的快速发展和对资金的需求越来越大，原有的法律体系略显单薄，采购质量不高、效率低下的问题在实际操作中经常会遇到[5]。在这样的背景下，国家对政府采购陆续出台了一系列法规和部门规章制度。如2013年，财政部从还权于采购人的角度，出台了《政府采购非招标采购方式管理办法》，要求采购当事人必须强化采购人的主体责任，做到依法采购[6]；2014年，出台了《政府采购竞争性磋商采购方式管理办法》，从提高采购效率的角度，进一步提升了采购人采购方式选择的灵活性；2015年，国家出台了《中华人民共和国政府采购法实施条例》，对政府采购原有的法律制度进行了进一步的细化和完善，在一定程度上促进了政府采购工作实现规范化、高效化的目标[7]；2017年，财政部发布《政府采购货物服务招标投标管理办法》，该法从采购实践出发，对货物服务采购各环节的具体内容作出了明确的解释和规定[8]，从而达到有利于优化政府采购交易规则、规范政府采购行为，是采购制度改革发展的重大变革。

我国政府采购业务仍在快速增长，2023年全国政府采购规模达到33929.6亿元，占全国财政支出和GDP的比重分别为9.4%和2.9%[9]。从结构上分析，货物、工程、服务政府采购规模分别达到7738.1亿元、14486.8亿元和11704.8亿元，占全国政府采购规模比例为22.8%、42.7%和34.5%。从组织形式来看，政府集中采购、部门集中采购、分散采购规模分别为8038.3亿元、1522.4亿元和24369.0亿元，在全国政府采购规模中，分别占比为23.7%、4.5%和71.8%。从采购方式来看，公开招标、邀请招标、竞争性谈判、竞争性磋商、询价、单一来源及框架协议采购规模，在全国政府采购规模中分别占76.3%、0.6%、1.8%、12.3%、0.6%、3.1%和1.5%。与此同时，政府采购政策功能作用日益凸显，有效促进经济社会发展。如在支持绿色发展方面，2023年全国强制、优先采购节能节水产品357.2亿元，占同类产品采购规模的83.9%；优先采购环保产品575.1亿元，在同类产品的采购规模中所占比重为84.9%。在对中小企业发展扶持上，全国政府采购授予中小企业合同金额25239.8亿元，在全国政府采购规模中，中小企业合同总额所占比例为74.4%；其中，小微企业合同金额15778.3亿元，占中小企业合同总金额的62.5%。在支持乡村振兴方面，各级预算单位通过脱贫地区农副产品网络销售平台（"832平台"）采购贫困地区农副产品超过 99 亿元，有效带动贫困农户增收，促进乡村产业发展。

大学是由国家财政拨款全额拨款的行政事业单位，其物资采购，均须按照政府有关采购方面的法律法规的规定执行，不能有丝毫懈怠，不能有任何松懈[10]。2018 年，中央全面深化改革委员会审议通过了《深化政府采购制度改革方案》，其中提出要向单位释放政府采购的权力[11]，党的十八大提出规范公共权力运行以后，对政府采购、内部流程控制等活动采取加强监督制约、强化内部过程控制等措施，对行政事业单位政府采购的内部控制机制提出了更高的监督力度要求。

当前高校现行的政府采购内部控制制度大多是模仿一般行政事业单位内部控制制度建立起来的，鲜少有针对高校本身的特点和实际情况制定的高校政府采购内控体系。相较于一般行政事业单位而言，高校具有教学和科研两个重要的基本职能，从而使高校政府采购具有采购种类多样、采购数量大、专业性较强、验收手续复杂等特点，从而导致高校政府采购内部控制体系在实际运作时，常出现过于形式化、适用性不强等问题。

由于政府采购被称为"阳光下的采购"，追求的目标是公开公平透明，然而目前行政事业单位虽然建立起政府采购内部控制制度，但缺乏落实等现象广泛存在；同时政府采购又是廉政风险高发地带，因此，开展高校政府采购内部控制机制的研究，对提升政府采购活动的质效、提高财政资金的使用效率、强化国家宏观调控力度、实现政府采购政策性目标、推进建设更加透明的廉洁政府，都将发挥积极的作用。

二、研究意义

政府采购是指各级政府和行政事业单位以市场竞争机制和财政支出管理的有机结合为主要特征，向社会采购货物、工程和劳务的行为，其实质是将政府采购行为法治化管理[12]。内部控制作为一种有效预防和控制风险的方法，我国理论界和实务界一直在进行深入的探讨和研究。《行政事业单位内部控制规范（试行）》于 2012 年由财政部发布；《教育部直属高校经济活动内部控制指南（试行）》也于 2016 年颁布，由此开启了高校内部控制建设的新起点。各高校在政府推动和以评促建政策指引下，初步建成了高校内部控制体系并持续改进，在规范高校经济活动和加强高校治理中发挥重要作用。因此，从内部控制的角度开展高校政府采购机制研究，对推动高校依法开展政府采购，提高财政资金使用率，深化政府采购相关制度改革，具有十分重要的意义。

（一）规范流程，依法开展政府采购工作

政府采购资金来源是公共财政资金，其最终来源是纳税人缴纳的税收和政府公共服务支出[13]。政府采购的权力来自纳税人的授权，高校政府采购工作必须依法依规、公开透明，政府采购行为更应受到社会公众的监督。因此，从内部控制的角度出发，构建高校政府采购机制，可以保证高校公开监督、有效制约政府采购权力的运行，从而能确保高校贯彻落实政府采购相关法律法规，促进内部控制管理水平的提高。

（二）降低财政支出，提升资金使用效率

政府采购过程应充分体现公平、公正和公开的原则，采购方式和程序必须依法进行。因此，从内部控制的角度出发，构建高校政府采购机制，有助于全方位构建高校政府采购活动，建立健全内部控制建设、规范公开招标、竞争性协商等采购活动的相关制度，降低采购成本。实践证明，政府采购制度是一种集中与分散相结合的公开透明的采购制度。从国际经验来看，实行政府采购制度一般能节约资金率为 10% 以上[14]。

（三）预防腐败发生，推进廉政建设

行政腐败是制约我国政治经济体制改革的重大问题，治理行政腐败

不仅需要运用党纪国法的利剑对腐败分子进行严厉制裁，而且更需要从经济源头加以杜绝。大量案例说明：行政腐败的主要滋生形式是政府购买过程中的钱权交易。由于政府采购活动涉及采购人、代理机构和供应商等多个具有不同责任、目标和利益的主体，因而从内部控制的角度来构建高校的政府采购机制，在推动政府采购市场制度化与透明化的基础上，借助政府采购政策约束，可以规范采购流程，优化操作规范，完善内部控制及外部监督机制，有效且及时地根除行政腐败的苗头，推动廉洁政治的建设。

（四）提高采购效率，优化营商环境

在改革政府采购制度，规范政府采购流程的过程中，高校可以从内部控制的角度，通过加快签约时间，及时进行合同备案，限定验收时间，建立预付款制度，加快付款进度，为中小企业预留采购份额等措施，构建高校政府采购机制。通过高校政府采购机制来规范政府采购流程，让供应商在公平的环境中进行竞争。这对政府采购效率的提高和经营环境的优化都有很大的帮助。

（五）有利于促进公平竞争，激发市场活力

政府是政府采购的主体，政府采购金额的大量增加，可以使市场经济更加活跃，使其成为一个国家内最大的单一消费群。政府面向市场，通过公开招标、竞争性谈判等手段，采购政府正常运行所需的货物、工程、服务，能激发市场主体活力，极大地活跃市场经济，让市场主体公平参与竞争，提高其活跃度和积极性，促进经济平稳增长。

第二节 文献综述

国内外相关研究主要是从关于政府采购的研究和对内部控制的研究两个方面进行的。

一、关于政府采购的研究

发达国家如美国、英国等，其政府采购经历过一系列的改革探索，法律规范和制度逐步完善，发达国家研究人员对政府采购理论研究较深，经验积累较深厚。相关研究主要围绕着政府采购的概念[15]（Russell Forbes，1929；Christopher H. B，2008）、政府采购功能及效率提升[16]（Donald W Donbler，1986；Sharifah Buniamin，Norkhazimah Ahmad，2016）、政府采购制度[17]（Hommen. L, Rolfstam. M，2007）、政府采购中出现的问题及应对措施[18]（McAfee and Mcmillan，1987；Jerome B·Mckinney，1995）进行研究。

1995年，我国才开始在上海进行政府采购试点工作。伴随着经济社会不断发展，市场上政府采购交易的规模越来越大，政府采购交易的频次也逐渐增多。在此背景下，《中华人民共和国政府采购法》于2003年1月1日正式实施，为各市场行为主体在政府采购中的交易行为提供了法律上的保证，也给政府采购中各个市场行为主体的交易行为提供了一个规范。在此基础上，政府采购相关法律法规也在不断完善，如2015年施行的《中华人民共和国政府采购法实施条例》，逐步规范和发展了中国政府采购工作。截至2023年，仅中央政府层面就已经出台了60多部法律法规，形成了较为完善的政府采购法律框架体系[19]。即以

《中华人民共和国政府采购法》为统领,《中华人民共和国政府采购法实施条例》为支撑,《政府采购货物和服务招标投标管理办法》等规章办法为依托,以各级部门指导性文件为补充的政府采购法律框架体系。各级地方政府也以此为基础制定了地方性政府采购规范性文件,以约束地方政府在采购市场中,相关主体的行为。但国内政府采购的研究与发达国家相比还处于起步阶段,有关学者提出有见地的观点和结论主要是参考国外的研究和实践,并与国内政府采购的发展情况相结合。相关研究主要侧重于政府采购中出现的问题以及政府采购的质量和效果如何提升等方面进行研究。前者研究的内容主要有以下几方面:一是法规机制方面。多数学者认为,目前我国政府采购存在的问题主要是法规机制有待优化,政府采购监管机制有待完善,政府采购电子化程度有待加强,政府采购工作仍需加强。二是人员方面。有学者认为,人才队伍教育制度相对缺乏,采购部门缺乏高度合规的采购理念,以致相关规章制度形同虚设,政府采购专业力量不足。三是方式方法方面。认为我国政府目前采购的资料公布途径较少,公布时间相对迟缓,信息公布不够详细,发布格式有待规范等问题[20]。后者研究的内容可概括为:一是建立健全政府采购的制度。认为我国当前迫切需要形成一套完整的、独立的、监管机构与采购机构分离的、全面有效的政府采购法规体系[21]。二是完善监督管理和考评体系。认为建立互相监督的体系,在促进公正公平的同时能使其余供应商的竞争得以继续延伸[22]。三是打造一支综合素质能力强的政府采购队伍。认为即使基层行政事业单位体量较小,难以单独创建一个采购职能部门,但也必须成立一个职责明确,配齐人岗的政府采购小组[23]。四是规范政府采购操作流程。认为有必要对政府采购流程进行规范,以防止在政府采购中可能出现的贪污腐败等问题[24]。

二、有关内部控制的研究

国外学者对内部控制的研究起步较早,理论更加扎实,相关的研究主要集中在内部控制理论方面的研究和实践政策中的制定运用方面。认为企业等主体首先需要了解自身的责任和义务,良好的内部控制环境能使企业在合同和代理关系中明确自身所应起到的作用,健全的内部控制制度可以保证企业等责任主体的经济业务能顺利开展,起到防范腐败现象发生的作用[25]。并提出减少政府采购过程中的认知偏差的措施,如强化内外部监督、明确岗位职责、强化供应商管理等内部控制方式等[26]。

国内学者对行政事业单位内部控制的研究起步较晚,2014年国家才开始颁布实施《行政事业单位内部控制规范(试行)》,该文件分别从单位层面和业务层面分别阐述了行政事业单位内部控制的要点[27],是后续其他文件出台的基础,如2016年,教育部以此为依据,颁布了与高校内控制度建设相适应的《教育部直属高校经济活动内部控制指南(试行)》。我国学者对行政事业单位内部控制的研究主要是从内部控制对政府采购的作用、内部控制制度的完善等几个方面来进行研究的。他们有的认为,政府部门需要加强政府采购内部控制制度的建设来规范和加强政府采购管理工作[28];有的着眼于内部控制信息披露问题,要探索事业单位内部信息公开的方式,包括实时公开与阶段性公开相结合,逐步建立健全信息公开制度等,其中包括公开部门的办事效率、服务水平和改进方式等。深入研究办事效率、服务水平、公开部门存在问题及改进办法等方面的问题,并以此作为事业单位内部控制的抓手和有效监督手段[29];还有的将研究目光聚焦于内部控制评价报告的编制和应用上,认为行政事业单位对内部控制评价报告的编制的积极性和参与度不高,内部控制评价报告中有关风险评估内容不充分,内部控制评价方式仍然停留在传统模式上,没有充分利用信息化手段,且数据主动公开的情况仍然比较欠缺[30]。反观行政事业单位内部控制研究,国内学者对企业内部控制的研究较为成熟,并借鉴美国COSO理论,形成了内部控制五要素的较为完整的理论框架体系。

综上所述，国外专家对政府采购内部控制的研究要比我们早，相关成果和文献宽泛且颇有成效。但由于国家经济体量和体制有所不同，国外的研究成果可参考性有限。和国外研究人员相比，国内研究政府采购内部控制的学者多以宏观角度探究相关问题。目前关于高校内部控制研究的理论成果较少，对如何建立政府采购业务层面内控机制缺乏系统研究和科学指导，因此，立足于高校自身特点研究政府采购内部控制机制是非常必要的。本研究选取 H 学院作为案例研究对象，通过分析 H 高校政府采购内部控制的实践情况，探究其不足和成因，并就如何改进内部控制中出现的问题尝试提出优化意见。

第三节 高校政府采购内部控制相关文献计量分析

本节以中国知网为数据源，在对"高等学校政府采购内部控制"方面的文献进行了搜索后，利用 Excel 和 CiteSpace 等分析工具，对样本文献的发文量特征、期刊来源以及主要研究力量等进行了数据分析；分析了我国高校政府采购内部控制研究的总体趋势、学者类型、研究现状及其存在的问题；通过对关键词共现图谱进行分析，找出高校政府采购内部控制研究的重点、难点及其今后发展方向，从而为这方面的研究提供一定的借鉴价值。

一、研究对象

"高校政府采购"是高校为保证其正常的教学科研工作需要，按照既定的采购方式和方法，在高校规定的采购经费预算范围内，面向市场采购商品、工程和劳务的行为。"高校政府采购内部控制"是高校为提高学校内部控制的效率，保证财政资金的合理使用，切实防范和控制政府采购中的经济风险，根据有关法律、法规的要求，结合学校实际，制定的旨在促进高校内部控制的一项制度。内控的具体要点包括权责分配、采购预算、采购方式、采购需求、过程控制、信息系统、监督机制等。

二、高校政府采购内部控制研究文献计量分析

（一）数据来源及处理

为了更加准确、科学地把握我国高校政府采购领域的研究动向，论文以中国知网数据库为主要检索对象，选取截止日期为 2023 年 12 月 31 日。本书搜集文献数据的具体检索步骤为：以"高校""政府采购""内部控制""政府采购内部控制"等为主题词并选取"学术期刊"和"学位论文"数据库进行高级检索，经人工手工筛选，初步检索得出文献资料，剔除与主题无关的非学术文献，最后获得硕士、博士论文 74 篇、有效期刊 149 篇，共计 223 篇文献。

（二）文献的年度分布

通过对样本数据的分析，发现国内第一篇关于高校内部控制管理的文章于 2002 年发表在《山西财经大学学报》核心期刊上。2002—2023 年间文献分布情况如图 1-1 所示。

由图 1-1 可知：2002—2008 年的研究处于起步阶段。这阶段特征为：每年相关高质量研究文献数量偏低，呈不断波动，但总体上仍呈上升趋势。这主要是因为 2003 年国家正式出台《中华人民共和国政府采购法》，才从法律制度层面上对我国政府采购各项行为进行明确规范。

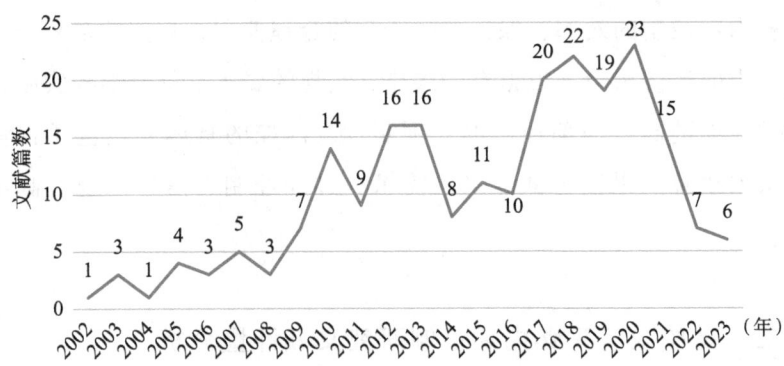

图 1-1　2002-2023 年文献数量年度分布

随后，随着我国政府采购业务量不断增加，原有法律制度中有关政府采购内部控制不健全，信息透明度不高，缺乏问责机制，实务中也常常遇到采购流程不规范、部门职责范围不明确、授权审批不规范等问题。在此背景下，我国相继颁布了一系列关于政府采购的法律、法规。因此，自 2009 年以来，越来越多的学者开始关注此类问题的研究，研究范围逐渐扩大，相关文献的数量也显著增加。从 2017 年到 2020 年，关于此问题的研究文献数量进一步增加，但在 2021 年到 2023 年，与高校政府采购内部控制相关的高质量研究文献数量却明显减少。这个阶段，出台的相关法律法规主要有：《行政事业单位内部控制规范（试行）》（2012年）、《教育部直属高校经济活动内部控制指南（试行）》（2016 年）、《财政部关于加强政府采购活动内部控制管理的指导意见》（2016 年）、《行政事业单位内部控制报告管理制度（试行）》（2017 年）、《深化政府采购制度改革方案》（2018 年）、《关于开展 2020 年度行政事业单位内部控制报告编报工作的通知》（2021 年）。

（三）文献来源分布

根据文献来源统计分析发现：科技期刊在 223 个样本文献中所占比例为 43.5%，共 97 篇；大学硕士、博士论文 33.18%，共 74 篇，财会期刊文献占 8.07%，共 18 篇；教育类期刊数量为 5.38%，共 12 篇；

其他期刊文献所占比例为 9.87%，合计 22 篇。具体文献来源分布如图 1-2 所示。

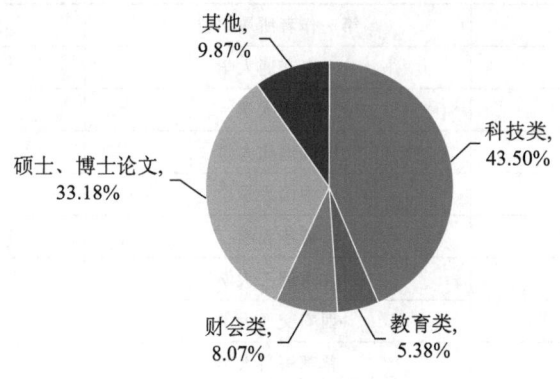

图 1-2 文献来源分布

在全部样本期刊文献中，《实验技术与管理》发文数量最多的，共计发文 62 篇；紧随其后的是《实验室研究与探索》，共计发文 32 篇。这主要是因为这两本科技类期刊是研究此问题的核心期刊，在研究政府采购问题上均建立了专栏，能够引领相关学者对此问题的研究，因此，在这两本期刊中，发表的文献数量占全部期刊文章的 63.09%，而以大学学报为代表的教育类型的期刊文献数量仅占样本文献总数的 5.38%，说明：目前高校政府采购的内控相关问题的研究，文献来源过于单一，相关学者对结合高校教学科研的实际情况进行研究，还不是很紧密。因此，研究高校政府采购内部控制机制的问题是非常有必要的。

（四）文献作者及机构分布

在 149 篇样本期刊文献中，第一作者是高等学校教师或相关高校人员的共有 143 篇，而非高校人员仅有 6 篇。从第一作者所在的高等院校来看，上海交通大学发表相关文献数量最多，共发表 9 篇；华侨大学、中国地质大学、中山大学、清华大学发表数量为 5 篇以上，其中上海交通大学吴冠仪发文数量最多，共计发表相关核心期刊 6 篇。发文数量在

3篇以上的高等院校详情如表1-1所示。

表1-1　　　　　　　文献数在3篇以上的院校列表

序号	第一作者所属单位	文献篇数
1	上海交通大学	9
2	华侨大学	8
3	中国地质大学	7
4	中山大学	7
5	清华大学	5
6	北京理工大学	3
7	西安交通大学	3
8	首都医科大学	3
9	温州大学	3

根据以上统计结果，我们可以知道：149篇样本期刊文献中有143篇是高校教师及相关人员的研究成果，表明有关高校政府采购内部控制问题的研究领域比较广泛，许多高校学者已结合自身实际情况对高校政府采购内部控制问题进行研究，其中有些高校还取得了一些比较有代表性的研究成果。但面临的普遍问题是：多数高校学者对高校政府采购内控问题的研究不够深入，涉及面广而不精，难以形成关于此问题高质量的研究成果。

（五）文献被引情况

截至2023年12月31日，223篇文献中共有199篇被引用过，占文献总量的89.24%，对高校政府采购内部控制问题研究有着重要意义，为许多学者和研究者所重视。本书列举了被引频次为前10名的样本文献，如表1-2所示。从表1-2可知：目前被引频次最多的前10名文献的研究主题主要集中在高校内部控制建设与规范对策、高校政府采购监督机制、采购管理模式、高校采购招标管理等活动。在我国，高校政府采购内控问题一直是高校发展中的重要课题，深入研究这些课题，不仅可以在推动我国高校内部管理水平的提高产生一定的积极影响，而且在政府治理方面，相关研究也为政府治理提供了一定的参考。

表1-2　　　　　　被引频次排名前10的文献信息统计

篇名	第一作者	刊名	发表时间	被引频次
《高校内部控制建设现状、困难及对策——基于高校内部控制建设自评报告的分析》	杨从印	《财会通讯》	2019	61
《高校图书馆图书招标采购方式浅议》	李海萍	《图书馆论坛》	2003	60
《高校政府采购内部监督机制存在的问题及对策》	高虹	《实验技术与管理》	2013	48
《高校政府采购与招投标管理实践与探析》	李曼	《实验技术与管理》	2018	42
《高校内部控制规范的实施障碍与改进对策》	常青	《苏州大学学报（哲学社会科学版）》	2016	41
《基于信息化手段的高校政府采购管理模式研究》	王惟远	《实验技术与管理》	2013	41
《高校科研经费风险防控研究——基于内控制与外部监管协同视角》	李虹	《科技管理研究》	2019	38
《浅析高校财政专项资金管理中存在的问题及对策》	齐红	《北京工商大学学报（社会科学版）》	2007	37
《"放管服"背景下高校科研经费内部控制管理对策》	王海妮	《中国高校科技》	2020	34
《新形势下做好高校政府采购管理工作的思考》	顾广耀	《实验技术与管理》	2019	34
《基于AHP法的高校科研经费管理风险评估研究》	杨运东	《会计之友》	2019	34
《高校政府采购管理工作的"双控"体系研究》	吴冠仪	《实验室研究与探索》	2018	34
《高校科研仪器设备采购方式探讨》	郑爱平	《实验技术与管理》	2011	30

（六）关键词共现图谱分析

关键词是对文献研究内容进行精确提炼和高度概括的重要指标。在关键词共现图谱中，出现频率越高的关键词，其字体越大，产生的影响也越大。由图1-3可知，本书关键词共现图谱，共有160个关键词节点（N），网络连接线387条（E值），网络节点密度为0.0304（Density值）。其中，图谱中出现频率较高的关键词有：内部控制、政府采购、事业单位、高校、问题、对策、资产管理、内控制度、财务管理、预算、放管服、风险控制、措施，这与当前我国"放管服"政策下高校内部控制研究的热点问题相吻合。最大网络节点（内部控制）连接156个节点，研究主题主要包括内部控制、高校政府采购、内部控制制度建设、内部控制机制、预算编制、风险防范与评估、内部控制管理等多方面展开，由于其研究领域广泛，内容丰富，关联紧密，因此，近年来，围绕其边缘的关键词越来越受到研究者们的重视。

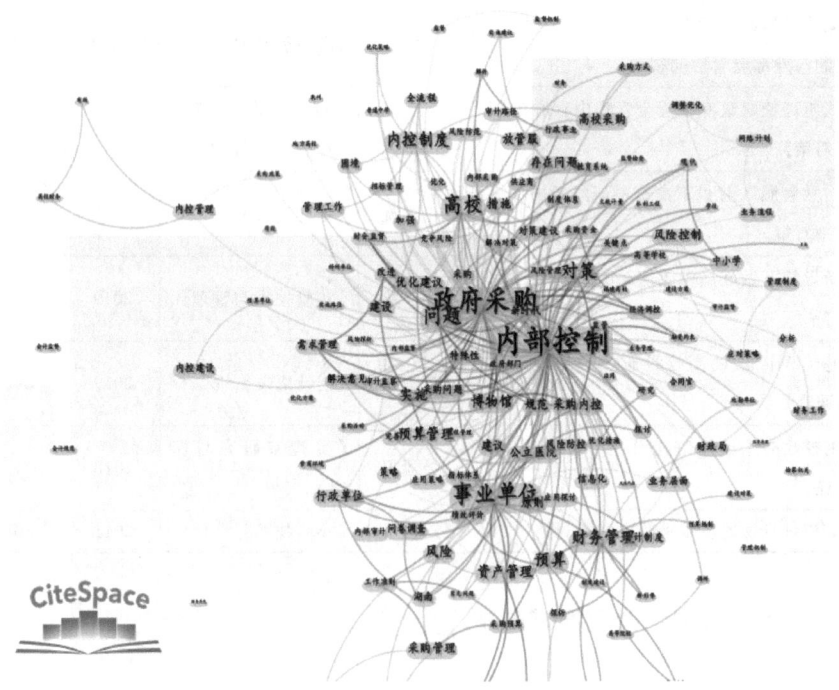

图1-3 关键词共现图谱

三、结论

通过对"高校政府采购内部控制"研究文献进行全面分析,我们可以发现,高校政府采购内部控制研究的特点主要表现在以下几个方面:

(一) 研究取得较大进展

从研究文献年度分布来看,虽然成果数量不断波动,但总体上还是呈上升趋势,说明学术界越来越重视这一问题;从研究文献质量来看,具有代表意义的核心期刊中都设有相关的专题栏目,说明该研究主题已成为热点话题;从文献被引情况来看,在样本文献中,被引用的文献总数占文献总数的89.24%,说明该问题已受到了众多学者和研究人员的关注和重视;从研究内容上看,学者所研究的内容涵盖了高校政府采购内部控制的各个方面,如概念的内涵、功能及效率提升、制度的设计、存在的问题及应对措施等。

(二) 研究的深度尚有提升的空间

根据以上统计结果得知:在149份样本期刊论文中,143份期刊论文都是高校教师和与之相关的工作人员的研究成果,这表明高校在政府采购内控问题上的研究范围变得更加广泛。但目前面临的最大的问题是,大多数高校在这一问题上只发表了2篇或更少的高质量学术文献,这说明在大多数高校中高质量的研究成果并不多,大部分高校都没有对高校政府采购内部控制问题进行持续深入的研究,若各高校持续对该问题的研究广而不精,恐怕难以在这一问题上取得高质量的研究成果。另外,就研究方法而言,目前以定性分析为主,而以相关模式为主的定量分析则不多见。因此,相关学者在这方面的研究的深度还有待进一步提高。

(三) 缺乏成熟完善的研究体系

近年来,我国一直不断建立和完善高校政府采购内部控制相关制度,各高等院校也在积极地推进政府采购相关制度工作,学者们也越来越重视对此问题的研究,并取得了一定的成绩,但由于不同高校之间存在不同特征,以至于不同类型的高校在研究此问题时,思考问题的角度和出发点不一样,目前仍未形成较为成熟与完善的研究体系。

(四) 研究内容需进一步完善

当前学者对这一问题的研究,多以内控五要素作为内部控制评价的理论与方法。但是,很少有学者能将内控五要素与高校政府采购的主要目的结合起来分析,缺少与高校自身的特征、发展目标与功能等内部控制环境因素相结合。由于高校政府采购是在一定的控制环境下开展的,其内部控制环境的优劣,对内部控制的遵从与执行有直接的影响,因此,高校应注重对内部控制环境的研究。

第四节 研究思路与方法

一、研究思路

本课题沿着问题提出——理论探索——实证研究——政策建议的总体思路进行,具体的研究思路如图1-4所示。

第一章 绪 论

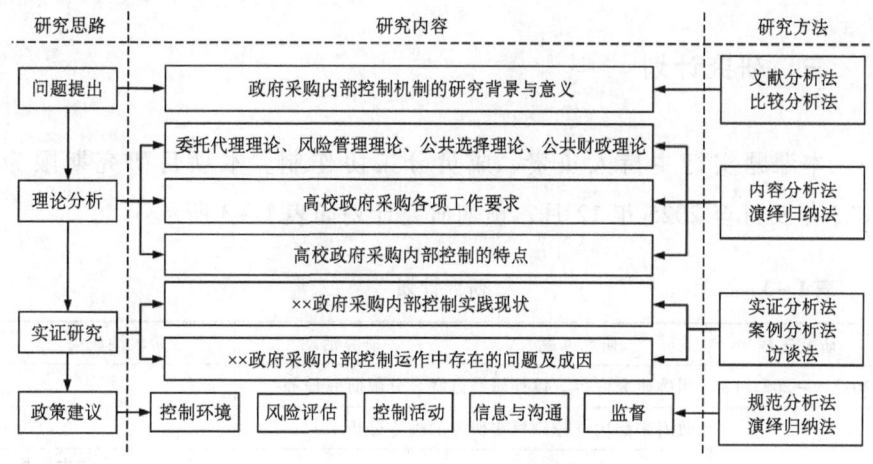

图 1-4 本课题研究思路

二、研究方法

拟用到的研究方法主要有：

1. 文献分析法

通过查阅国内外有关高校采购内部控制机制的文献，了解高校采购内部控制的发展现状，掌握相关的理论，并进行实践探讨；

2. 比较分析法

通过比较分析找到地方高校与国内外一流高校在采购内部控制方面存在的差距；

3. 访谈法

本项目将以结构式访谈为主，与受访者通过面对面访谈，对提前设计的访谈提纲进行提问，并及时做好访谈记录。主要采访对象为高校采购管理部门、相关监督部门和采购企业，获取有关高校采购内部控制机制的实际情况。

4. 实证分析法

对高校采购内部控制机制的实施情况的调查问卷，进行实证分析，检验采购内部控制机制的有效性和可行性。

三、研究计划

本课题实行主持人负责、成员分工协作制。本项目研究期限为 2023 年 9 月至 2025 年 12 月，预期研究计划如表 1-3 所示：

表 1-3　　　　　　　　　研究计划

研究进程	研究问题	研究活动	阶段性成果
2023.9-2023.12	明确研究内容、设计研究方案、分解研究任务		
2024.1-2024.7	政府采购内部控制机制研究的理论分析		
	▲什么是政府采购？ ▲什么是内部控制？ ▲政府采购内部控制制度概述	▲搜集整理相关文献 ▲相关理论思辨研究	▲高校政府采购内部控制机制研究的意义 ▲高校政府采购内部控制的特点 ▲高校政府采购内部控制理论的变迁及其启示
2024.8-2025.2	××高校政府采购内部控制机制的实证研究		
	××高校政府采购内部控制机制基本概况 ××高校政府采购内部控制机制存在的主要问题？	▲设定调查对象，制定问卷 ▲实施调查和深度访谈 ▲资料的统计与分析	▲××高校政府采购内部控制机制的运行现状 ▲××高校政府采购内部控制机制运行中存在的主要问题 ▲××高校政府采购内部控制机制运行中问题的成因
2025.3-2025.6	基于内部控制视角构建高校政府采购内部控制机制的路径		
	▲国内外高校政府采购内部控制机制经验 ▲高校政府采购内部控制的机制构建	▲专家征询与内研讨 ▲演绎归纳	▲国内外高校政府采购内部控制机制经验借鉴 ▲基于内部控制视角构建高校政府采购内部控制机制的路径
2025.7-2025.12	整理相关研究成果，撰写结题报告，申请结题		

第五节 研究内容与主要目标

一、研究内容

研究内容总体框架如下：

1. 政府采购内部控制机制研究的背景及意义

本部分研究将从高校行政事业单位政府采购规模的发展空间和政府采购制度的改革入手，从规范程序，依法开展政府采购工作；节约财政支出，提高资金使用效益；预防腐败发生，推进廉政建设和提高采购效率；优化营商环境四个方面来论述开展高校政府采购内部控制机制研究的意义。

2. 政府采购内部控制机制研究的理论分析

本部分研究将应用委托代理理论、风险管理理论、公共选择理论和公共财政理论，结合政府采购各项工作要求和具体特点，来论述如何从内部控制视角来规范政府采购行为，促进政府采购创新，强化监督管理，提升政府采购管理水平，以达到财政资金高效使用的理论机制。

3. ××高校政府采购内部控制机制的实证研究

本部分研究将以××高校为研究对象，通过对高校采购管理部门、相关监督部门和采购企业进行面对面访谈和调查问卷，对××高校政府采购内部控制机制的运行情况进行实证研究，在现状描述的基础上，通过统计调查问卷数据，进一步发现××高校政府采购内部控制运作中存在的问题及成因。

4. 基于内部控制视角构建高校政府采购内部控制机制的路径

本部分研究将借鉴吸收企业内部控制理论，根据业务实践经验，分别从控制环境、风险评估、控制活动、信息与沟通、监督5个维度提出政府采购业务内部控制要点，并重点针对关键点提出相应的政策建议以及优化措施，以促进高校政府采购内部控制工作顺利开展。

二、重点与难点

1. 重点

①××高校政府采购内部控制机制的实证研究；②基于内部控制视角构建高校政府采购内部控制机制的路径。

2. 难点

在资料和数据搜集方面，由于数据量的缺失，导致相关论点的充分性和支撑性不足。

三、主要目标

本项目将以××高校政府采购内控机制建设为研究对象，通过访谈和调查问卷等形式，在借鉴国内外高校政府采购内控机制经验的基础上，探究××高校政府采购内控建设的现状、存在的问题及原因。并就如何改进内部控制中出现的问题尝试性的从控制环境、风险评估、控制活动、信息与沟通、监督5个维度提出政府采购业务内部控制要点以及优化措施。希望本项目研究，能丰富地方高校政府采购内部控制机制建设的相关理论，为其他地方高校更加理性、有效地进行采购内部控制机制建设提供理论指导。

第二章

高校政府采购内部控制相关概念与理论基础

第一节 高校政府采购内部控制的概念

一、政府采购的概念

政府采购是一项在国家层面上进行的重要经济活动,我国理论界主要有两种代表性的观点:一种观点是将政府采购与政府采购支出并列的"采购支出论",认为"政府采购是各级国家机关和实行预算管理的政党组织、社会团体、事业单位,使用财政性资金采购货物、工程或服务的行为"[31];另外一种观点是"采购制度论",是指对政府采购制度进行研究和探讨的一种理论,认为政府采购制度是指政府在购买商品和服务时所遵循的法律规定和制度程序,并指出"政府采购是指各级政府及其所属机构为了开展日常政务活动或为公众提供公共服务,在财政的监督下,以法定的程序,对货物、工程或服务的进行购买而采取的一种政府采购制度"[32],旨在提高政府采购的效率和公平性,推动采购市场的发展。

政府采购制度最早起源于欧美发达国家,我国于1996年才开始试行。《中华人民共和国招标投标法》经1999年第九届全国人大常委会第十一次会议审议通过,2017年修订。《中华人民共和国政府采购法》经2002年第九届全国人大常委会第二十八次会议通过,并于2014年修订。《中华人民共和国政府采购法实施条例》也于2014年12月31日,经国务院第75次常务会议通过[33]。2018年11月14日,中央全面深化改革委员会第五次会议,审议通过《深化政府采购制度改革方案》[34]。

政府采购是各级政府机关、事业单位或者社会团体组织,使用国家财政性资金，采购依法制定的列入集中采购目录和达到一定采购金额以上的货物、工程或服务的行为[35]。其中政府采购业务的基本主体主要包括：一是采购人，主要包括政府机关、事业单位、社会团体等；二是供应商，主要是指向采购人提供货物、服务和工程的法人或其他组织；三是采购代理机构，是指为采购人和供货商提供采购代理业务的法人，他们依据有关采购法律、法规的规定办理采购代理业务。

政府采购按采购组织形式分为集中采购和分散采购两大类，其中集中采购是指采购人依法委托第三方代理机构或部门集中统一采购目录内的各类采购项目的行为；而分散采购则是指采购人依法委托第三方代理机构或自行采购超出限额标准且属于集中采购目录的各类采购项目的行为。所有政府采购项目纳入集中采购目录的，都要实施集中采购。同时，由省级以上人民政府确定和公布政府采购限额标准。对限额以上的项目，实行集中采购目录内、限额以下和集中采购目录外的分散采购，由采购人自行或委托招标代理机构进行招标采购。按采购方式分类，可将政府采购分为招标方式和非招标方式两大类，两大类招标方式不同，前者包括公开招标和邀请招标，后者主要包括竞争性协商、竞争性谈判、询价和单一来源采购。

通常来说，政府采购的业务流程由编制年度政府采购预算，制定年度政府采购计划，组织实施采购，与中标供应商签订项目合同，履行采购项目合同，组织验收采购标的，办理财政资金支付，采购资料存档，信息反馈几个步骤构成。与企业和自然人的采购行为不同，政府采购具有很强的政策导向，其采购既要兼顾国家社会经济的发展和政策，如生态环境保护、中小企业扶持、经济欠发达地区扶持、少数民族地区扶持、新兴产业扶持等，又要重点完成采购人的采购需求。

二、高校政府采购的概念

"高校"是"高等院校"的简称，是指国家教育行政部门批准或备案的以实施普通高等学历教育为主的高等学校,分为本科层次和专科层次。2012年,财政部和教育部联合颁布的《高等学校财务制度》中,将公立高校的各项收入和支出全部纳入财政性资金范畴。从那时起,我国预算管理体制改革取得了一个重要突破,公立高校"预算外资金"就成了历史。根据上述文件,本书所研究的"高校政府采购"概念,是指具有预算编制和管理职责的高校,利用纳入预算管理的财政性资金,采购各级人民政府或其授权机构制定的集中采购目录以内或者采购限额标准以上的货物、工程或服务的行为。

三、内部控制的概念

早在人类社会发展的初期,内部控制作为一种实用工具便出现在社会经济中,用于防范舞弊和纠正错误,内部控制的理念已经渗透到人们的日常经济活动中。例如,古埃及的"三分离"制度、古罗马和古希腊的"双人记账制",以及我国西周时期的"上计"制度[36]等。这些内部控制措施当时主要是为了执行统治阶级的意图,为了对组织成员及其活动进行管理的需求。

近代意义上的内部控制概念产生于18世纪末期的产业革命,企业生产大规模化和资本大众化促使企业所有权和经营权逐渐分离,而股份制的产生则促使企业从专制型向民主型转变。两权分离的企业涉及的利益主体较多,一方面要确保公司资本的完整性和连续性,另一方面又要避免因经营管理者等内部人控制管理不善而使投资者蒙受损失[37]。因此,对于法律不能解决的"道德风险问题",在健全的财务制度和具有法律效力的审计制度的基础上所构建的内部控制制度成为保证企业正常运营的必要前提。从时间的维度来看,内部控制的发展大体上经历了以下四个发展阶段:

第一阶段:内部牵制阶段。它是以职责分离为主要内容的流程设计,是内部控制的初始形式和基本形式,通过职务分离的方式,对钱、账、物等会计事项,以两个或两个以上的人互动的"内部牵制"制度来表现出来的。

第二阶段:内部控制制度阶段。从时间上看大致始于20世纪40年代,这一时点也被视为内部控制发展的分水岭。随着企业规模的扩大,企业业务复杂度增加,要求建立确保各分支机构会计核算程序的统一性和会计核算程序的使用一致性的内部控制体系,以建立完善的控制技术,及时发现会计核算中的舞弊行为。这一阶段的标志性事件是麦克森·罗宾斯案,一些国家为了适应注册会计师对被审计单位内部控制进行评价的需要,开始把内部控制分为内部会计控制和内部管理控制,并出台了相关的制度性文件。

第三阶段:内部控制结构阶段。随着信息技术的高速发展及资本的全球化,企业跨国经营已越来越普遍,跨国企业在海外经营会遇到与国内不同的政治、经济、文化等风险。而且,对于跨国经营管理中出现的国际税收问题、外汇交易等内部控制制度的完善,使得企业的业务和操作变得复杂。良好的内控体系可以促进企业资源的合理配置和生产效率的提高,对于企业内部和外部的舞弊事件的防范和发现都有很大的帮助。因此,在现代公司制度和系统管理理念的推动下,内部控制的研究从"制度二分法"向"结构三要素分析法"演变:将控制环境纳入内部控制范围,不再区分会计控制和管理控制而统一以要素来表述。

第四阶段:内部控制整合框架阶段。20世纪70年代,随着美国水门事件的发生以及很多公司的破产,促使美国联邦政府开始关注内部控制问题[38]。1977年,美国国会通过《反海外贿赂法》(FCPA),明确规定企业应当建立内部会计控制。企业受FCPA的影响,将内控上升到法律层面,监管机构和专业机构开始对内控问题进行研究。

我国走过了新兴经济体所特有的内部控制制度建设不同的阶段。在改革开放初期,我国经历了内部控制缺失的阶段,在以"放权让利"

为重点的改革中，企业经营自主性空前提高。管理者在企业内部管理过程中，没有进行企业内部控制的意识，也无暇制定内部管理控制制度。我国的内部控制制度建设始于1985年1月颁布的《中华人民共和国会计法》[39]（以下简称《会计法》）。《会计法》是我国最早提出内控概念的法律。后随着改革的不断深化、经济快速发展，我国相关职能部门陆续出台了内部控制相关制度文件。如《内部会计控制规范——基本规范（试行）》《内部会计控制基本规范——货币资金（试行）》《内部会计控制规范——采购与付款（试行）》《内部会计控制规范——销售与收款（试行）》《内部会计控制规范——担保（征求意见稿）》《内部会计控制规范——成本费用（征求意见稿）》《内部会计控制规范——工程项目（试行）》，这一系列制度规范是我国国内内部控制制度建设的重要组成部分，也是我国企业内部管理制度体系的重要组成部分，构成了我国内部控制制度体系建设的重要里程碑[40]。

由于我国行政事业单位内部控制制度建设起步较晚，起点较低，除分散在《会计法》《预算法》等法律法规范围内的零星条款外，许多政策规定总体上具有过于分散、缺乏系统性的特点，很难称得上完善的内控制度。这种情况在2012年11月出台的《行政事业单位内部控制规范（试行）》（以下简称《规范》）中得到了改观[41]。

《规范》的出现，意味着我国行政事业单位内部控制无规可依、制度分散的局面得到了根本改变，事业单位内部控制制度从此具备了实质性的运行阶段，内部控制制度建设的步伐由此加快，《规范》的出台对行政事业单位内部控制的制约作用日益显现。行政事业单位内部控制在《规范》中的定义是："单位为实现控制目标，通过制定制度、实施措施、执行程序，对经济活动风险进行防范和管控"[42]。

内部控制概念的阐述目前尚无统一的标准，公认和使用最广泛的概念是美国COSO委员会在1992年的报告中做出的定义："由企业董事会、管理层和其他员工等全体职员共同实施的，为企业经营效果和效率、财务报告的可靠性以及遵循适用的相关法律法规等目标提供合理保证的过程"[43]。定义体现的基本观点是：贯穿企业经营过程始终的内部控制是一种过程；该过程，并不只是凭政策手册和表格，而是由人来执行、受人影响的一种过程；内部控制只能是合理保证而不是绝对保证企业的经营管理层和董事会；不同类别的内部控制相互配合，以一种、多种或重叠性的类别达成多项管理目标[44]。在随后的《内部控制——整合框架》中，把内部控制划分为五个相互关联的要素，分别是控制环境、风险评估、控制活动、信息与沟通、监督[45]。

因此，本书所研究的"内部控制"这一概念，是指单位为实现控制目标，通过制定制度、实施措施和执行程序，对经济活动过程中的风险进行防范和管控，它主要由内部环境、风险评估、控制活动、信息与沟通、内部监督五个要素构成。其中：

1. 内控环境

控制环境是其他四个要素得以实现和执行的基础，可以通过控制环境来理解管理层和董事会关于环境的态度、意识和行为。主要包括员工的诚信操守、管理者对内控的态度、董事会运作的重点与目标、权责分配方式与人事政策等方面的内容。

2. 风险评估

风险评估是指对企业活动中存在的潜在不确定因素进行及时识别，分析是否会对企业的相关活动造成损失，进而制定相关的应对措施。风险评估主要包括确定评估的目标、对潜在风险进行相应的识别、对识别出的风险进行对应的分析及提出解决风险的措施。

3. 控制活动

控制活动是指能够促进管理层决策顺利实现的政策和程序，是在风险评估后针对识别出的风险制定解决措施的具体手段。控制活动体现在企业各个层次和部门中，包括不相容岗位分离控制，制定专门人员负责合同签订事项等控制方法。

4. 信息与沟通

信息与沟通是指将关于本企业有关的内外部信息以适当的方式传递给企业各个层级，使企业各个部门能够将相关信息进行正确处理，进而转化为对企业有用的信息的过程，是促进企业内部控制活动起应有作用的连接点。企业不仅需要收集企业内部的相关信息，还应该关注与企业有重大关系的外部信息。另外，企业除了应该建立管理层间的沟通，还应该建立管理层与员工之间的沟通渠道，同时还要正确处理企业与外部的沟通。

5. 内部监督

内部监督是指对企业实施内部控制是否有效进行评估的全过程，是保证内部控制的相关手段发挥作用的有力保障[46]。企业实施监督行为可以通过对企业日常经营过程进行持续性监督或者对需要特别监督事项进行专项监督来实现，然后向有关管理部门出具检查报告，提出针对检查出的问题的解决措施。

四、高校政府采购内部控制的概念

高校政府采购内部控制是指高校根据国家政府采购法律和国务院政府采购监督管理部门规章、文件的要求，从本单位的实际情况出发，通过履行有关程序，构建有关制度，应对和防范因经济活动而产生的一系列风险，进而实现本校开展的各类经济活动合乎法律规定、国有资产安全、财务信息真实完整、舞弊和腐败行为得到有效遏制、提高教学与科研工作的效果等目的，所采取的一系列的互相联系的采购管理制度、工作规程和措施的总称。

第二节　高校政府采购内部控制理论基础

一、委托代理理论

委托—代理理论是20世纪30年代,由美国经济学家伯利(Berle)和米恩斯(Means)首先提出的[47],它是在传统制度经济学范畴的契约理论基础上逐步完善起来的。在委托—代理理论出现之前,主流的企业管理理论源于阿罗(Kenneth Arrow)与德布鲁(Gerard Debreu)的"黑箱"理论。后来居上的威尔森(Wilson)、萨平顿(D. Sappington)等学者深入企业内部,研究其存在的信息不对称等问题,并据此正式提出了委托—代理理论。

现代学术界普遍接受的委托—代理理论来源于罗斯(S. Ross)的观点:当事人双方中,如果一方授权另一方代表其行使某些权利,可视为双方之间存在委托代理关系。委托—代理理论的核心在于,当双方目标发生冲突且信息存在不对称时,通过最适宜的契约激励代理人,以确保其顺利完成代理职责。

(一)理论的核心观点

委托代理理论认为社会生活中存在广泛的委托代理关系,具体表现为一个人或多个人(委托方)委托另一方(代理方)从事某种活动,为委托方实现利益而为其提供服务,同时包含委托方将某些决策权授予代理方的一种契约关系。委托代理理论的核心内容是探讨委托方为了激励代理方按照他们的意愿行事,在缺乏对代理方行为的有效监督的情况下,采取什么样的手段。在"经济人理性"的基础上,委托代理理论提出了两个基本的假定:一是委托方和代理方信息不对称的问题。在委托代理关系中,代理方所掌握的信息在数量和质量上都优于委托方,换句话说,代理方在信息掌握上处于优势地位。代理方将借助自身的信息优势来追求利益的最大化[48]。二是委托方和代理方的目标并非完全一致。代理方在接受委托任务后,会根据自身的利益需要出发,不惜损害代理方的利益,最终可能偏离甚至背离原定的任务目标。

委托—代理理论阐述的是委托人与被委托人之间的关系及其行为规则,其建立基于非对称信息博弈模型,促使委托人以合同或口头约定的形式委托代理人行使某项活动,并按约定兑现相应报酬。因此,委托代理关系可以极大地促进社会劳动力的合理分配,是社会高效率生产要求下的必然产物。因为代理人相对于委托人而言,具有行动上或信息上的相对优势,在委托人与被委托人的关系中,关于合同标的物的市场信息,代理人往往掌握得比被委托人多得多。

在委托代理关系中,委托方和代理方的目标是不同的,委托方追求的是自己利益的最大化,而代理方追求的是劳动报酬和闲暇时间的最大化,这种双方目标的不一致性会促使道德风险和违约风险的增加。如果没有制衡双方的有效制度,相互之间可能会产生利益上的损害。

(二) 该理论在本书中的应用

在高校政府采购实施的整个流程周期中,就存在多对委托代理关系。如采购需求方与采购执行方、投标法人与投标代表人、高校与第三方招标代理机构等,都存在委托代理关系的潜在可能性。因此,在招标投标过程中,委托代理双方在此关系上的目标各不相同,例如高校一方追求财政性资金的使用效益最大化,而作为营利性质企业的代理机构则追求在大学与第三方招标代理机构之间的委托代理关系中的收益最大化。委托方与代理方的目标达成存在依赖关系,例如高校的预期目标是买到物美价廉的产品，这依赖于代理机构的具体行为；代理机构的预期目标是能够给企业带来更多的利润，这依赖于委托方的报酬支付情况。招标代理机构比校方掌握更多的市场信息，具有更高的业务水准，但要长期保持这种委托代理关系，还需要采购人的信任和积极评价。基于以上理论，各主体之间由于信息不对称可能会造成采购质量不合格、采购需求无法得到满足，采购风险加剧等情况发生。

高校政府采购使用的是财政性资金，财政资金的主要来源是税收，换言之就是"老百姓的钱"。用老百姓的钱购买服务于公众的教育产品或服务，从本质上来讲就是一种整体性的委托代理关系，在这段关系里公众是委托人、而高校则是代理人。根据委托代理理论，在委托代理关系中，交易双方会不可避免地利用信息的不对称追求各自利益最大化，从而产生道德风险，增加权力寻租的可能性。因此，代理人（即高校）有责任、有义务用好委托人（即纳税人）的每一分钱，并接受纳税人对于采购效果和采购过程的评价与监督。

二、博弈论

博弈论又称对策论、赛局理论，是经济学中的经典理论。博弈论（Game Theory）侧重于博弈对局中个体的行为，通过对博弈对局中个体的预测行为与实际行为的差别及规律的分析，从而研究出优化结果的对策。20世纪30年代，美国数学家冯·诺依曼（von Neumann）第一次证明了博弈论在理论界的雏形——二人博弈模型的基本原理。直到1944年，冯·诺依曼（von Neumann）和德国经济学家奥斯卡·摩根斯特恩（Oskar Morgenstern）在他们的共同著述的《博弈论与经济行为》中，详细阐述了建立博弈论的重要性，并将博弈的模型从二人结构推广到多人结构，即对博弈理论提出了公理化的描述，这就为博弈论在经济领域的推广和运用，奠定了十分强大的基础。

1950年,艾伯特·塔克(Albert Tucker)提出了"囚徒困境",指出个人利益最大化并不代表集体利益最大化,这使得博弈各方选取的结果对于全局来说不一定是最佳的选择。同在1950年,纳什也提出了"纳什均衡",就是说在某一个模型之中,在一定的条件下,无论其中一方如何改变自己的策略,另一方的策略选择都不会受到影响。

由于博弈论可以对冲突个体或竞争个体之间的相互作用进行公理化的分析,对个体行为进行判断,并对最优策略进行分析,因此在解决实际存在的竞争或冲突矛盾问题中得到了广泛的应用。

(一)理论的核心观点

博弈论认为所有的决策个体都是理性的,以个人利益最大化为目标,每个参与者对所处的环境等个体的行为都持有正确的信念和期望,这是基于博弈理论的观点。在博弈论中,个人效用函数不仅依赖于他个人的选择,而且还依赖于他人的选择,个人的最佳选择同时也是其他人选择的函数。因此,在博弈局中最重要的就是处理好自己与其他参与者之间的相互依存关系。

(二)该理论在本书中的应用

高校政府采购行为本身就包含着几种模型之间的博弈。政府采购是政府采购制度科学设计的理论依据,是有效遏制腐败行为的理论依据,是采购人员或领导者、采购代理机构、评审专家、政府监管职能部门等各方相互影响、博弈关系复杂的实际经济关系。例如,在政府采购评标过程中,由于在规定的密封提交时间前就确定了各供应商的报价,因此各供应商对标的物的报价信息只知道自己的报价信息,而对其他投标者的报价一无所知,因此在参与投标时,属于典型的不完全信息博弈。在这种博弈模式下,供应商往往倾向于在竞争越激烈的情况下压缩利润,以获得更高的中标概率,其中标结果对采购人越是有利。同时,当竞争越是充分时，采购人权力寻租被曝光的可能性也就越大，寻租现象发生的概率能够得到有效的抑制。

三、寻租理论

寻租理论最早是从经济学领域萌芽，在20世纪60年代，美国经济学家戈登·图洛克在其著作中提出，一方面垄断的既得利益者为了维护其处于垄断地位的位置会投入大量的资源进行维护；另一方面未处于垄断地位的寻租者会想方设法寻求打破旧垄断格局而成为新的垄断者，这种情形下，寻租者的利益关系将日益加剧，而寻租者将不断涌入，并愿意将资源大量投入，造成资源的浪费。

（一）理论的核心观点

寻租理论是20世纪70年代中期，由美国经济学家克鲁格在其研究中正式提出，他认为，"寻租"是市场上一些企业为了获得市场垄断地位和更多的资金利益，通过一些非常规的手段来影响政府部门的相关利益者，使行政机关利用手中的权力干预市场活动，阻碍市场主体自由竞争，从而创造少数特权者获得超额收益的机会。

根据美国经济学家布坎南和A.克鲁格（Anne. Krueger）的论述，寻租理论是这样描述的：政府机关中的某些特权者，为了获取超额收益的机会，利用自己的权力干预和控制企业和个人的经济活动，妨碍了市场竞争的作用，从而创造了少数特权者获得超额收入的机会。这种超额收入被称为"租金"（rent），谋求这种权力以获得资金的活动，被称作"寻租活动"，俗称"寻租"。租金的根源来自对该种生产要素的需求提高而供给却因种种因素难于增加而产生的差价[49]。政府采购中的寻租包含两种方式：设租和寻租，是一个过程的两个方面，寻租过程实际是一种权—钱交易过程，设租是从"权"到"钱"，寻租则是从"钱"到"权"[50]。

（二）该理论在本书中的应用

在执行政府采购活动中拥有行政权力的政府采购官员，是理性的"经济人"，在缺乏监督和约束的条件下，会进行设租，制造获得租金的可能；供应商会为获得政府采购活动中的供应机会，在缺乏公平竞争的环境下，利用资金和其他资源向政府采购官员进行寻租活动。二者在这种既得利益下，会使得政府采购委托关系中滋生更深层次的寻租行为，产生因果相接的循环链，影响正常政府采购活动。

高校政府采购容易产生寻租行为的环节有：

（1）高校设备需求方向采购方寻租。高校设备需求方通过将原本可实行集中采购的项目分拆成分散采购，以维护自身能对供应商进行寻租采购的权力。

（2）高校设备需求方向供应商寻租。高校设备需求方通过人为设定一些有利于某一寻租供应商的采购设备技术指标，甚至直接采用某一寻租供应商的技术指标作为采购需求的技术参数，以获取租金收入。

（3）高校设备需求方向招投标中心寻租。高校设备需求方通过和本单位招投标中心合作，让寻租供应商的中标行为符合相关流程规范，以达到获取租金的目的。

（4）供应商向招投标中心寻租。寻租供应商只有通过负责高校采购的执行机构即招投标中心才能"顺利"中标，获得租金。根据博弈理论，高校作为完全理性的主体，希望通过激烈的市场竞争，在政府采购实施过程中最大限度地发挥自身采购的效益。因此在采购绩效体系的构建中，应将竞争激励与廉政风险防控作为评价导向之一，其评价结果能反映不同采购方式对竞争的促进效果，从而反向指导理论体系的继续完善。

四、信息不对称理论

信息不对称理论是微观经济学研究的核心内容，由三位美国著名经济学家 George A. Akerlof（1970）、A. Michael Spence（1973）和 Joseph Eugene Stiglitz（1976）于 20 世纪 70 年代首次提出，主要是指在市场经济活动中各方掌握的信息各不相同，掌控信息量大的经济主体更容易获益，掌控信息量小的经济主体在委托代理关系中处于不利位置。在市场信号可以一定程度弥补信息不对称的情况下，各经济主体都希望掌握更多信息以占据有利地位获取更多收益。信息不对称理论与委托代理理论一脉相承，在经济活动中，代理人掌握更多信息，委托人占据较少信息，由于委托人和代理人之间信息不对称，加之利益方向存在差异，极易导致代理人为实现自身利益最大化、利用信息优势违背委托人意图而采取逆向选择行为，引发道德风险，Oliver Williamson 也认为信息不对称性为道德风险行为提供了温床，而相应的收益强化了个人机会主义动机。

（一）理论的核心观点

理论界对信息不对称理论的描述为：市场经济活动中，商品的卖方要比买方更加了解产品的各种信息，掌握信息更多的一方可以通过向信息贫乏的一方传递可靠信息而在市场中获益[51]。政府采购活动中，信息不多的一方试图从掌握信息更多的另一方获取信息，可以弥补政府采购活动中买方为采购单位、卖方为供应商所带来的信息不对称问题。相对而言，政府采购单位大多处在信息资源较为缺失的一方。

（二）该理论在本书中的应用

我国政府采购活动中，信息不对称的方式主要表现在以下四个方面：一是公开的是被委托方，掌握的采购信息很少，只能从行政事业单位的政务公开中获取碎片化的信息，处于不利地位；而行政事业单位作为代理人，参与了政府采购活动的全过程，是了解各项采购信息、处于有利地位的具体业务执行者，公众获取的主要是行政事业单位信息公开的信息来源，公开的信息具有利己性，缺乏客观性、完整性，造成了委托人与代理人之间出现新的信息不对称情况；二是行政事业单位是委托人，掌握的采购信息相对较少，而采购代理机构是代理方，实际操作中能够获取的信息较多，可操作的空间较大，特别是一些代理机构由于责任心不强，在实际工作中不能考虑采购方的实质需求，只按自己的意愿和方式进行采购；三是采购人员是委托方，供货商是代理人，供货商对自己的产品和服务非常熟悉，而采购人员往往不了解每一个供货商提供的产品和服务的质量和参数，供货商掌握的信息比采购商更好，甚至有些供货商为了获取更高的利润，隐瞒产品缺陷，在招标中提供虚假的参数数据，从而使自己提供质量达不到采购人要求的产品和服务，严重影响政府采购的质量和效益；四是事业单位内上层领导是委托人，负责下发采购任务，对采购过程进行总体控制，其信息源多来源于经办人员的汇报材料，处于劣势地位，具体经办负责人是代理人，在实际执行采购任务中能够获取全部信息，处于有利地位。

为解决该矛盾，就需要单位加强内部管理，提高内部控制水平，从打破信息不对称角度来探究，政府采购部门在采购活动中要加大信息的公开度，包括采购意向公开、采购需求信息、采购预算、采购计划、采购执行程序、监督、供应商管理、合同管理、绩效评估等方面让政府采购部门、代理机构、供应商、公众等拥有充分的知情权、参与权和监督权，尽可能做到全面了解采购信息，确保按照"公平、公开、公正"的目标开展政府采购活动。

五、公共选择理论

公共选择是指政府将什么公共产品提供给民众，公共产品如何提供和分配，并对此行为和流程设定相应的配套规则。研究这种使其发挥最大社会效用的公共选择过程，公共选择理论是最合理的方法。公共选理论的主要假设是经济人假设，其含义是指人都是理性的自利主义者，即人在受约束的情况下会使自己的利益最大化。

（一）公共选择理论的历史背景

公共选择理论起源于20世纪40年代末，并在20世纪50—60年代期间建立了其基本原理和理论框架。它是在特定社会历史条件下，受理论和现实的需要而产生和发展起来的。它以个人自由和效率为出发点来促进个人选择的最大化。公共选择理论在本质上是微观经济学原理在政治和社会领域中的应用。其研究对象为集体的非市场决策过程；其使用的研究工具和方法为经济学的工具和方法，特别是价格理论；它把政治舞台理解为市场，把选民、官僚和政治家视为政治市场中的博弈者，把选票看成是货币[52]。

英国经济学家邓肯·布莱克被尊为"公共选择理论之父"，他于1948年发表的《论集体决策原理》（载于《政治经济学杂志》1948年2月号）一文，为公共选择理论奠定了基础。他在1958年出版的《委员会和选举理论》被认为是公共选择理论的代表作[53]。公共选择理论的领袖人物当推美国著名经济学家詹姆斯·布坎南。布坎南是从20世纪50年代开始从事公共选择理论研究的，他发表的第一篇专门研究公共选择的文章是《社会选择、民主政治与自由市场》（载于《政治经济学杂志》第62期，1954年4月号）。布坎南与戈登·图洛克二人合著的《同意的计算——立宪民主的逻辑基础》被认为是公共选择理论的经典著作。布坎南因在公共选择理论方面的建树，尤其是提出并论证了经济学和政治决策理论的契约和宪法基础，而获得1986年度诺贝尔经济学奖。此外，著名经济学家阿罗和唐斯对公共选择理论的建立和发展也做出了重要贡献。

在公共选择理论中，最为著名的就是大数学家阿罗，以及他的"阿罗不可能定理"。美国著名数理经济学家肯·阿罗是1972年诺贝尔经济学奖获得者。其主要成果,是揭示了"不可能性定理",人们俗称为"阿罗定理"。1951年,阿罗出版了他的研究社会理论的重要著作《社会选择和个人价值》,采用数学的公理化方法,研究通常的投票选举方式是否能确保产生符合大多数人意愿的领导者或"将每个个体表达的先后顺序合成整个群体的偏好顺序"。结果,他得出了令人瞠目结舌的结论:绝大部分情况是不可能的[54]!更准确的说法是:没有任何选举规则符合阿罗公理,前提是候选人至少有3人,选民至少有2人。或者也可以这样说:"程序民主"必然会离"实质民主"越来越远。因此,"阿罗不可能定理"说的就是要寻找这样一种决策机制,即它所产生的结果不受投票程序的影响,同时又不限制投票人的偏好以及进行的独立决策,并能最终将所有的个人偏好转化为一种社会偏好,是不可能的。

(二) 该理论在本书中的应用

通常情况下,公众选择最基本的两个问题是集体行动和偏好加总问题。既然集体行动也好,偏好加总也罢,始终要靠规矩说话,最根本的还是规矩。公共选择理论的最终目标是制定一套规则,使理性的经济个体在追求自身利益的同时,也能够为社会带来益处。招标采购,是资源重新分配的一个过程,分配的资源包括金钱、时间、物资资料等,采购人通过采购行为,对公共资源进行再一次的分配。

根据经济市场和政治市场上的两种完全不同的行为动机,公共选择理论认为,经济活动同一个人不会同时在两个不同的市场中进行活动,即不会在经济市场上追求自身利益的最大化,而在政治市场上自觉追求公共利益的最大化。因此,公共选择理论认为,政府采购人员追求自身利益不应刻意回避,而应针对这一问题积极推行解决措施,即把政府采购人员追求的个人利益与政府采购的目标有机结合起来,使工作人员在最大限度地实现政府采购各方追求的个人利益的同时,也能在完成采购目标,保证政府采购公平、公正、公开,使其在"阳光下"进行。比如,在政府采购过程中,必须加强对政府采购科学决策程序和规则的研究,一方面要尽快建立规范、及时、准确的财政信息发布制度;另一方面要建立一套有效的机制,能够对决策者进行约束和监督,否则,决策就可能偏离公共利益的轨道。

六、公共管理理论

公共管理理论是指以政府以及其他政府部门为主体,按照相关规则以独自或协作的方式管理、处理公共事务的活动,使得社会公众在这样的管理中获益。政府部门等作为公共管理的主体,管理的权利由社会公众赋予,肩负有直接的社会责任。因此,公共管理必须遵守法律,政府部门的工作绩效也不能简单的由利润的高低来评价。新公共管理是在传统公共管理的基础上,为了使政府为公民提供的服务达到最大化的目的,引入民营企业的内部管理经验,从而在政府部门内部建立竞争机制,从而实现政府部门智能化的多元化管理。从本质上讲,传统公共管理是以职能为基础,以行政管理活动为目的的政治管理。与之不同的是,新公共管理通过引入社会化理念和成本思维来开展政府管理活动,强调的是追求最大效益和最高效率[55]。

(一) 公共管理理论的内涵及演变

在西方的工业化和城市化进程中,逐渐形成了一种传统的公共管理理念,强调通过国家的力量推动社会的发展。在传统公共管理理论发展的初期,政府被视为民意的代言人,强调其在提高社会管理和运行效率方面的作用。传统公共管理理论认为公共管理活动由政治与行政两部分构成,政治依靠立法机制来收集和表达民众的意志,行政则主要依靠国家机器来实践国家意志。该理论强调效率和效益,在理论应用的早期阶段起到了强有力的作用,是西方长期历史渊源的融合产物,是近代革命的融合产物,是自由主义的思想。然而,这一理论的弊端在20世纪60年代末期日益突出,新的公共管理理论呼之欲出。正如新公共管理理论的第一位提出者克里斯托弗·胡德(Christopher Hood)所言,"新公共管理理论"不是一个新的理论,也不是一个新的学派,而是一个新的公共管理领域的思潮。新公共管理理论强调通过引入效率与效益理念,运用成本考核思维,以市场或准市场的方法改造政府业务部门,促进政府工作效率的提高。理论强调通过责权匹配,明确管理目标,由专业管理人员来具体管理,并重视结果控制。促进公共管理活动的高效发展,新公共管理理论倡导引进市场化的理念和竞争体系。经过半个世纪的摸索和实践,已经形成了一个以市场经济为导向的竞争式管理、以效益为本的战略管理和以顾客为导向的绩效管理、以客户为导向的回应性管理[56]。该理论基于新自由主义经济学的理论框架,运用经济学的分析方法,为公共管理研究提供了竞争、市场等新的视角,这在西方公共管理改革的实践中起到了重要作用。

(二)该理论在本书中的应用

公共管理主要是指运用公权力来管理社会的公共事务,用于行政管理工作。它强调的是在使用公共权力的时候要注意以提高公共服务水平、完善各项公共福利、保障公民各项基本权益。因此,该理论认为政府可以通过以下三方面政策导向实行改革:

(1)政府应以市场为导向,从管理型政府向服务型政府转变。政府要以人民利益为重,把人民群众需要什么作为高度关注的重点,以为人民群众提供优质公共服务为准则。

(2)政府应发挥指导型政府职能。政府应改变其僵化的运营模式,引入竞争机制,激发市场活力,政府自身只发挥辅助和指导的职能,避免过多的进行市场干预。

（3）政府应及时进行绩效评价。绩效评价的作用在于评估政府管理与服务的水平，提升实施效率，以减少资源浪费的经济活动。同时，通过以结果为基础的绩效目标来进行资源分配和薪酬管理，可以有效激励员工，从而提升他们的工作效率和积极性。

在政府采购活动中，如何调配资源就变得格外重要。行政事业单位要加强对政府采购活动的管理和控制，确保政府采购公平、公正、公开，保障各方面的合法权益，确保市场的良性竞争。同时，公共管理理论要求政府在市场环境下充分选择物超所值的商品或服务进行采购，使采购人能够在管理工作中采用市场自由竞争机制。在这样的背景下，政府需要运用公权力对整个市场的环境和竞争机制予以监管，保证各方权益。而高校在政府采购过程中，一方面要在合法合规的制度下，运用合理有效的流程进行采购，保证采购过程透明公开，保护供应商和消费者权益，建立公平市场；另一方面，政府职能向"服务型"转变，引入市场竞争机制，以降低成本、保证采购质量、提高资金使用效率。

第三章

高校政府采购内部控制机制分析

目前，全国各高校都在大力推进"双一流"建设，各级政府都在加大对高校的资金投入，支持高校深化改革和内涵式发展。同时，国家也在不断推进"放管服"改革，高校政府采购自主支配人财物的权力也在不断扩大，廉政风险也随之增加，各高校政府采购管理工作都需要在制度规范下开展，通过建立和完善政府采购内控管理制度来降低高校政府采购风险，建立健全高校政府采购内控机制，提高高校政府采购管理水平。

第一节　高校政府采购工作的特点

高校是国家财政资金投入的行政事业单位，2015年11月5日，《统筹推进世界一流大学和一流学科建设总体方案》发布，国家财政将设置相关专项资金，将部属高校开展世界一流大学和一流学科建设纳入国家财政高校预算拨款，并给予指导和支持[57]。《关于改革完善中央高校预算拨款制度的通知》由财政部、教育部于2015年11月印发，国家财政资金将支持世界一流大学和学科建设相关基础设施的建设。高校作为国家教育财政资金投入的重要部门，不只是纯粹意义上的事业单位，更主要的是围绕国家重大战略需求和区域主导先导产业，加强政产学研深度融合、协同合作，着力提高教育科技成果转化和产业化水平，为国家高质量发展需求服务[58]，从而使高校政府采购具有如下特殊性和复杂性。

一、经费来源多元，采购计划性差

高校政府采购经费来源多元，除财政经费以外，各类科研经费、学科建设经费、基本科研业务费、各类基金、专项资金、教学经费、基本建设费也是其主要来源且不断增加，高校的各项设施采购也随之保持了较高的增长速度[59]。由于经费来源渠道较多，各类经费主管部门不同，致使经费批复及到位时间往往有很强的不确定性，给相关部门统筹带来很大的困难。由于高校财务部门无法准确制定预算资金的使用计划，同时为了保证项目的实施进度，保证科研人员所需的设备和材料，这就不可避免地产生了大量临时性的采购任务，从而使高校政府采购呈现出计划性较差的特征。

二、采购主体分散，采购资金规模大

由于缺乏统一的政府采购计划、重复采购导致国家财政资金大量浪费等问题，在实际操作政府采购过程中，高校内部各直属单位都会出现不同程度的自行采购行为。与此同时，随着各级财政对科教事业的资金投入越来越大，每年分散在各地高校年采购量也在不断攀升，逐渐形成了一个巨大的消费市场。

三、专业性强、品目多、标准难以统一

高校科研设备的政府采购与普通行政事业单位政府采购不同，具有极强的专业性，高校作为我国科学研究的中坚力量，其科学研究项目具有领域广、内容新、难度大特点[60]。部分尖端、前沿性的科学研究工作对先进设备的依赖性很强，这就对高校政府采购人员的专业素养提出了较高的要求。随着高校专业领域的不断细分、专业数量的不断增多，高校每年采购项目的品目范围和数量也在不断增加，随之而来的问题就是采购标准难以统一。

四、分散采购逐渐增多，自行采购比重也在加大

随着"放管服"改革的进一步深化发展，高校可自行组织政府采购或自主选择政府采购代理机构代其组织采购活动。财政部甚至出台了有关文件，明确了高校自主采购的权限，要求各高校加强政府采购内部控制机制建设，健全高校政府采购内控制度，防止由于自主权的增加而产生的政府采购风险，因此，高校自主采购工作的开展，需要各高校加强对政府采购的内部控制机制的建设，完善高校政府采购内部控制制度，防止因自主权增加而导致的政府采购风险。

五、采购时效要求高

许多高校的设备使用部门，通常要求资金到账后立即执行计划，以避免资金因高校拖延资金使用而被拨款单位收回。因此，高校政府采购执行时间非常紧迫。但由于高校政府采购资金来源渠道多，各种资金到账时间、数量难以确定，因此，要编制准确的高校年度政府采购预算和采购计划并不现实。另外，高校政府采购由于环节多、战线长、时限紧，需要采购人员在有限的时间内迅速协调各部门，用最短的时间完成使用部门政府采购方案，因此必须严格执行政府采购相关法律法规，来规范政府采购流程。

六、专业化政府采购队伍尚未形成

受制于编制，由于目前各高校二级单位招标工作专业性较强，为保证招标仪器设备的专业标准，政府采购部门对某一金额的仪器设备，采取"重心下移"的采购方式，即"谁买设备谁招标"的方式，采购仪

器设备的教师负责相关的招标工作,因此目前各高校缺乏精通高校政府采购招标内容的专业人才[61]。由于这部分人员属于广义上的招标人员,大部分人员都不太熟悉招投标法律法规、业务能力欠精通,工作中存在较大主观性行为,甚至有时违规操作而不知,专业层面抗风险能力有待提高。

简而言之,高校政府采购活动既有行政事业单位政府采购的要素,又有教育行业的特殊性,要通过内部控制管理制度,做好高校政府采购管理工作,提高采购资源配置的实效性,降低高校政府采购风险,促进高校政府购买管理水平的提高,就需要做好体制规范下的政府采购管理工作。

第二节 高校政府采购业务的方式及流程

一、高校政府采购的方式

根据《中华人民共和国政府采购法》规定:政府采购组织形式包括政府集中采购和分散采购;政府采购方式包括公开招标、竞争性谈判、邀请招标、询价、单一来源采购、竞争性磋商和框架协议采购[62],其中,公开招标和邀请招标是招标方式,竞争性谈判、单一来源采购和询价是非招标方式,竞争性磋商和框架协议采购是国务院政府采购监督管理部门认定的其他采购方式[63]。

(一)公开招标

公开招标(无限竞争性招标)是指通过网站、电视等多种宣传方式，由招标采购单位面向社会公开发布招标公告，凡是符合规定条件并且有意愿参加招标项目的承包商、公司企业，均可自愿报名、参加项目竞标。在国际社会上，公开招标是最为常见的招标方式，人们所提到的"招标"一般是指公开招标。这种采购方式是一种竞价方式，花费时间最长，成本也最高。我国目前对公开招标的要求是工程项目达到400万元以上，货物类和服务类达到300万元以上就必须采取公开招标的方式。公开招标是目前我国采用最多，与国际上主要招标方式一致的采购方式。

其主要优势在于：能够推出真正意义上的招标竞争，使垄断行为得到有效防范，使招标原则更加充分地彰显公平、公正、公开的竞争格局。更有力地促进供应商增强竞争实力，提高货物和服务质量，促进承包商提高工程质量，降低成本，缩短工期，实现绿色、环保、节能、高效的目标，合理地提高价值回报，从而促进供应商提高竞争实力，提高服务质量，促进承包商提高工程质量，降低成本，缩短工期。还有利于防止出现徇私舞弊等现象，如招投标业务的执行人员、监督管理人员等。

其弊端主要有：参与竞争的竞买人越多，各参与人承担的风险也就越大，资源浪费和未中标的参与人所投入的亏损成本也就越来越大。招标采购人审查投标人资格、审查投标文件的工作量较大，花费的时间较长，同时增加了招标费用的支出。

（二）邀请招标

邀请招标（无限竞争性招标），也被称作选择性招标，是指由招标采购方根据立项采购的实际需求、掌握的招标机构以及供应商的相关信息资料结合往次采购经验，筛选出被认为符合条件且有能力承接采购任务的供应商，继而向其发出邀请书邀请他们参加该竞标活动。这种招标方式的特点为：①不采用公开的公告形式进行邀请投标；②接受邀请的单位才是合格投标人；③限定投标人数量。

邀请招标采取投标邀请书的方式，符合相应资质条件的供应商应不少于3家，随机抽取3家参加投标。对一些具有特殊性，只能从限定范围内的供应商采购的，或在采购项目总价值中，采用公开招标方式支出的费用比重过大的，可采取邀请招标方式进行采购[64]。

（三）竞争性谈判

竞争性谈判是指由谈判小组与合格的供应商就采购货物、工程及服务事项进行协商，由供应商按照谈判文件的要求提交响应文件和最终报价，采购人从谈判小组提出的成交候选人中确定成交供应商的采购方式。在协商过程中，针对货品类项目可作二次报价。这一招标方式的特点是：①使采购项目更快地发挥作用，可以缩短筹建期；②减轻工作量，为提高工作效率和降低采购成本，省去了大量的开标、投标工作；③供需双方可以更灵活地协商；④有利于保护国家产业；⑤可以激励供应商在降低采购风险的同时，有意识地将高科技应用到采购产品中[66]。

符合下列条件之一的货物或服务，可采用竞争性谈判方式采购：①招标后没有供应商投标或没有合格供应商投标，或重新招标未能成立的；②技术复杂或性质特殊，不能确定详细规格或具体要求的；③采用招标所需时间不能满足用户紧急需要的；④价格总额事前无法计算的；⑤在评标期间，如有不足3家供应商符合专业条件或实质性响应招标文件，可提出变更为竞争性谈判采购的申请。

（四）竞争性磋商

竞争性谈判是指采购人和政府采购代理机构根据谈判文件的要求，从谈判小组审查后提出的候选供应商名单中，与合格供应商就采购货物、工程和服务、响应文件和报价、成交供应商确定的一种采购方式[67]。这种采购方式主要适用于：①政府购买服务项目；②技术复杂或者性质特殊，不能确定详细规格或者具体要求的；③因艺术品采购、专利、专有技术或者服务的时间、数量事先不能确定等原因不能事先计算出价格总额的；④市场竞争不充分的科研项目，以及需要扶持的科技成果转化项目；⑤按照招标投标法及其实施条例必须进行招标的工程建设项目以外的工程建设项目[68]。

（五）单一来源采购

单一来源采购（直接采购），是指为招标采购方提供采购标的物的供货商，是市场上唯一能够供应该商品的供应商，其最主要的特征是没有竞争性。符合下列条件之一的货物或服务，可采用单一来源方式采购：①只能从唯一供应商采购的；②首次招标不到3个供货商的急需设备；③发生了不可预见的紧急情况不能从其他供应商采购的；④必须保证原有采购项目一致性或服务配套的要求，需要继续从原供应商处添购，且添购资金总额不超过原合同采购金额10%的[69]。

（六）询价采购

询价采购是指询价小组向符合资格条件的供应商发出采购货物询价通知书，要求供应商一次报出不得更改的价格，采购人从询价小组提出的成交候选人中确定成交供应商的采购方式。采购的货物规格、标准统一，现货货源充足且价格变化幅度小的采购项目，可采用询价采购。这种招标方式的特点为：①邀请报价的供应商数量至少为3家；②只准供货商提供一份报价，且不得更改其报价，不得同某一供应商或承包商就其报价进行谈判，报价的提交形式，可以采用电传或传真形式；③报价的评审应按照买方公共或私营部门的良好惯例进行。采购合同一般授予符合采购实体需求的最低报价的供应商或承包商。

（七）电子商城采购

电子商城采购是协议供货和定点采购的电子化平台，是指对部分通用类货物，由采购人通过网上指定的电子商务平台（以财政厅更新平台为准，目前包含苏宁易购、京东慧采、一线达通、办公伙伴）直接采购的行为。网上商城采购遵循"范围规范、品目合理、价格透明、公开高效"的原则，所采购货物纳入省级网上商城政府采购目录、采购货物金额没超过限额标准（以财政厅每年更新为准，目前为50万元）。电子商城采购的优点是零星采购效率高、便利快捷。

（八）框架协议采购

框架协议采购，指集中采购机构或者主管预算单位对技术、服务等标准明确、统一，需要多次重复采购的货物和服务，通过公开征集程序，确定第一阶段入围供应商并订立框架协议，采购人或者服务对象按照框架协议约定规则，在入围供应商范围内确定第二阶段成交供应商并订立采购合同的采购方式[70]。

满足以下条件之一的，可以采用框架协议采购方式：①在集中采购目录内的项目，以及与之相关的必需耗材、配件等，属于小额零星采购的情况；②集中采购目录以外，采购限额标准以上，本部门、本系统行政管理所需的法律、评估、会计、审计等鉴证咨询服务，属于小额零星采购的；③集中采购目录以外，采购限额标准以上，为本部门、本系统以外的服务对象提供服务的政府购买服务项目，需要确定2家以上供应商由服务对象自主选择的；④国务院财政部门规定的其他情形[71]。

除正常采购之外，《中华人民共和国招标投标法》还规定了一些非正常采购业务如强制招标和不招标的项目。如大型工程建设项目、社会基础设施及公共事业建设、国有资金融资项目、国际国外贷款援助资金等被纳入强制招标的范围。涉及国家安全及秘密的、抢险救灾中不适合招标的、有专利或专业技术的、扶贫资金利用的等内容被纳入可不进行招标的范围。

二、高校政府采购业务流程

高校是培养高级人才的事业单位，高校政府采购主体是各级高等教育行政事业单位，采购资金主要来自国家财政资金拨款，采购资金具有一定的公共性，要从社会公众利益角度出发来做好采购管理工作[72]；同时，高校政府采购必须遵守国家相关法律法规，采购各流程需严格遵守规章制度，以确保程序合法、流程合理、过程公正、全程监督。高校政府采购业务主要分为以下几个环节，即政府采购预算编制与下达、采购需求论证、政府采购计划编制和审核、编制采购文件、政府采购业务执行、采购合同签订、采购履约和验收、资产和采购档案管理、政府采购绩效管理。

（一）政府采购预算编制与下达

高校的所有政府采购项目必须纳入政府采购预算的编制范围，确保应纳入的项目都得到编制，并与部门预算同时进行编报。严禁发生"无预算采购"或"超预算采购"的情况。要按照财政部政府采购品目分类目录，分货物、工程和服务三大类编制，细化到具体项目，并将采购项目名称、采购数量、预算金额等内容列示出来。政府采购预算应当根据下列因素编制：①部门预算；②集中采购目录和采购限额标准；③资产配置标准；④政府采购政策功能；⑤为实现政府采购政策功能预留的采购份额，如专门采购中小企业产品、创新产品、贫困地区农副产品等。

采购使用部门要对本部门的现状进行调查，对部门人员的意见进行征集，根据本部门的需求情况据实编制政府采购预算，并根据本部门的需求，有针对性地做好本部门的各项工作，经过部门领导和分管领导审批后，报采购归口管理进行审核，重大项目还需报校长办公会进行审批。政府采购预算的编报（含预算调整）工作由计划财务处负责统筹，根据政府采购目录和各项要求，将政府采购预算纳入学校年度预算编报范围，并报至财政部门，财政部门根据政府采购目录及各项要求进行审核，最终确定各高校的政府采购预算。计划与财务处根据批复的政府采购预算填报政府采购计划，明确采购项目、预算金额、采购时间、组织形式等，然后下达相关职能部门。政府采购预算在预算执行过程中需要进行调整和追加的，应当向上级财政部门报批。

在政府采购预算编制时，如果存在遗漏情况，例如一些属于政府采购范围的项目未被列入预算，就可能导致在实际采购时出现没有预算的情况。如果预算审核不够严谨，比如未能对该项目采购的必要性进行充分论证，未针对采购标的的价格和需求开展调查研究，或者对市场情况的把握不够准确，这可能导致预算与实际采购价格之间出现较大偏差。

（二）采购需求论证

采购需求是指采购人为实现采购项目目标，对采购标的物制订的需要满足的技术、商务方面的要求。技术要求是指对采购标的物的功能和质量方面要求，包括性能、材料、结构、外观、安全，或者服务内容和标准等。商务要求是指取得采购标的物的时间、地点、财务和服务要求，包括交付（实施）的时间（期限）和地点（范围），付款条件（进度和方式），包装和运输，售后服务，保险等[73]。

高校申购部门要认真做好采购需求调查工作，申购部门对采购需求管理负有主体责任，对采购需求和采购实施计划的合法性、合规性、合理性负责[74]。申购部门在确定采购需求前，可以通过咨询、论证、问卷调查等方式开展需求调查，了解相关产业发展、市场供给、同类采购项目历史成交信息，可能涉及的运行维护、升级更新、备品备件、耗材等后续采购，以及其他相关情况[75]。面向市场主体开展需求调查时，选择的调查对象一般不少于3个[76]，并且要有一定的代表性。调研要形成调研报告，不少于 2 人参与调研，并明确调研负责人。单项或同批预算达到 20 万元（含）及以上货物或服务采购项目的调研报告，由申购部门组织 3 名以上校内外行业专家论证后实施。对于下列采购项目，应当开展需求调查：①3000 万元（含）以上的工程采购项目；②涉及公共利益、社会关注度较高的采购项目；③技术复杂、专业性较强的项目，包括需定制开发的信息化建设项目、采购进口产品的项目等；④单项或同批预算达到 3 万元（含）及以上货物或服务采购项目。通用类设备和网上商城采购项目可不进行需求调查[77]。

政府采购需求应当完整、明确，具体包括下列内容：①采购标的需实现的功能或者目标，以及为落实政府采购政策需满足的要求；②采购标的需执行的国家相关标准、行业标准、地方标准或者其他标准、规范；③采购标的需满足的质量、安全、技术规格、物理特性等要求；④采购标的物的数量、采购项目交付或者实施的时间地点；⑤采购标的需满足的服务标准、期限、效率等要求；⑥采购标的的验收标准；⑦采购标的的其他技术、服务等要求。

（三）政府采购计划编制和审核

政府采购预算批准通过后，使用部门开始编制政府采购计划，单位年度政府采购计划经部门领导和分管领导审批后确定。在编制政府采购计划时，如果对采购需求论证不充分，就有可能出现对采购标的的规格、性能和功能等方面认识不到位，从而造成政府采购计划无法真实有效反映其需求；如果在审核政府采购计划时，出现遗漏，如疏于资金到位等，就会造成采购无法执行的情况发生。

（四）编制采购文件

采购文件编制按采购组织形式不同，分为政府集中采购机构、委托代理机构、资产管理处和申购部门等。框架协议采购和网上商城采购，无需编制采购文件。因此,在政府采购业务执行之前,采购文件编制主体应按申购部门提供的项目采购需求计划,按政府采购政策要求,编制采购文件。其内容主要有:①采购项目名称;②采购需求概况,包括采购标的名称,采购标的需实现的主要功能或者目标,采购标的数量,以及采购标的需满足的质量、服务、安全、时限等要求;③采购预算金额;④预计采购时间;⑤是否专门面向中小企业采购;⑥是否采购节能产品、环境标志产品;⑦政府采购组织形式和政府采购方式;⑧接收质疑函的方式、联系部门、联系电话和通讯地址等信息[78]。

(五) 政府采购业务执行

高校各部门按照国家法律、法规及规定,按照采购项目的特点,依照国家有关法律法规及规章,严格执行省级政府采购目录及限额标准,按照规定组织采购活动,依法确定采购组织形式并按规定组织开展采购活动。按照采购事项最终实施主体的不同,采购分为"学校统一采购"和"申购部门自行采购"两种组织形式。"学校统一采购"是指,由采购办公室受理各申购部门的采购申请后,按国家相关政策文件的要求,委托政府采购中心集中采购和具有政府采购资质的代理机构,由采购办统一组织集中采购。"申购部门自行采购"是指,由申购部门根据采购预算,按规定的采购程序自行组织实施采购并接受采购办公室的业务指导和监督,相关采购业务资料申购部门存档。其具体范围包括:

(1) 集采目录外品目,单项或同批预算金额 5 万元以下的项目;

(2) 网上商城采购目录外品目,单项或同批预算金额 5 万元以下的项目。

政府采购方式分为招标方式和非招标方式,招标方式包含公开招标和邀请招标,非招标方式包含竞争性谈判、竞争性磋商、单一来源采购和询价。

采用招标方式(包括公开招标和邀请招标)采购的,应遵循下列程序：①发布信息；②编制招标文件；③资格审查（资格预审）；④发售招标文件；⑤投标；⑥开标；⑦评标；⑧结果公示；⑨发放中标通知书。

采购由省财政厅通过公开招标方式，确定特定政府采购项目的中标供应商及中标产品的价格和服务条件并以协议书的形式固定的省级协议供货项目，采购应遵循下列程序：①编制协议供货竞价文件；②申购部门在供货有效期内自主选择中标供应商；③供应商报价；④学校采购小组谈判确定最终价格；⑤发放中标通知书。

采用竞争性谈判方式采购的，应遵循下列程序：①成立谈判小组；②确认或者制定谈判文件。谈判文件应当包括供应商资格条件、采购邀请、采购方式、采购预算、采购需求、采购程序、价格构成或者报价要求、响应文件编制要求、提交响应文件截止时间及地点、保证金交纳数额和形式、评定成交的标准等。履约保证金数额应当不超过合同金额的10%。从谈判文件发出之日起至供应商提交首次响应文件截止之日止不得少于3个工作日；③确定邀请参加谈判的供应商名单。谈判小组应从符合相应资格条件的供应商中，确定不少于3家的供应商参加谈判，并向其提供谈判文件。公开招标的货物、服务采购项目，招标过程中提交投标文件或经评审实质性响应招标文件要求的供应商只有两家时，经批准后可以与该两家供应商进行竞争性谈判；④谈判。谈判小组所有成员集中与单一供应商分别进行谈判。谈判中谈判的任何一方不得透露与谈判有关的其他供应商的技术资料、价格和其他信息。谈判文件有实质性变动的，谈判小组应以书面形式通知所有参加谈判的供应商；⑤确定提交最后报价或最后报价供应商。谈判文件能详细列明采购标的物的技术、服务要求，谈判结束后，要求所有继续参加谈判的供应商在规定时间内提交最后报价，提交最后报价的供应商不得少于3家。谈判文件不能详细列明采购标的物的技术、服务要求，需经谈判由供应商提供最终设计方案或解决方案，谈判结束后，按照少数服从多数的原则投票推荐

3家以上供应商的设计方案或解决方案,并要求其在规定的时间内提交最后报价;⑥确定成交供应商。谈判小组应当从质量和服务均能满足采购文件实质性响应要求的供应商中,按照最后报价最低的原则确定成交供应商,并在指定媒体上公示成交结果,公示期为1个工作日以上。

政府采购信息由采购活动实施主体负责发布,包括采购信息公告、资格预审公告、信息澄清、信息更正、单一来源采购公示、中标(成交)结果公告、政府采购合同公告等[79]。

学校政府采购项目原则上不得收取投标保证金,确需收取投标保证金的,金额不得超过预算金额的2%。采购文件要求中标人(成交供应商)提交履约保证金的,应当以支票、汇票、本票或者金融机构、担保机构出具的保函等非现金形式提交,金额不得超过中标(成交)金额的10%。

采购项目评审由评标委员会(咨询小组、询价小组、谈判小组)作为临时机构,独立负责对中标(成交)供应商进行评审和推荐。政府采购项目的评标(包括磋商、询价和谈判)专家一般应从省级政府采购评审专家库中随机抽取。评审专家名单在采购过程中保持保密,只有在公布中标(成交)结果时才会予以公开,接受社会的监督。凡参与学校采购活动的人员与供货商之间存在利益或利益关系的,一律予以回避。采购活动实施主体向中标人(成交供应商)送达《中标(成交)通知书》,时间为采购结果公告(公示)截止时间。中标(成交)结果,任何单位和个人不得违规更改,无正当理由中标(成交)的单位和个人不得放弃中标(成交)。

(六) 采购合同签订

学校应当在中标(成交)通知书发出之日起30日内,遵照合同法和相关法律法规,按照平等、自愿的原则,按照招标(谈判、磋商、询价、单一来源)文件、投标文件或双方达成一致意见的事项,与中标人（成交供应商）签订书面政府采购合同。合同不得对采购文件确定的事项和投标（响应）文件作实质性修改[80]。不得向中标人（成交供应商）提出任何不合理的要求作为签订合同的条件。如收取履约保证金，应当允许中标人（成交供应商）自主选择以支票、汇票、本票、保函等非现金形式缴纳或者提交[81]，并在合同中约定履约保证金退还的方式、时间、条件和不予退还的情形[82]。中标人（成交供应商）拒绝签订合同的，学校可按评审报告推荐结果，确定新的中标人（成交供应商），也可重新开展采购活动。服务类项目合同履行期限一般不超过1年。政府采购项目合同签订之日起2个工作日内在政府采购指定媒体公告。采购合同的订立、履行、违约责任和争议解决等适用《中华人民共和国民法典》。如果双方对采购合同有争议，无法达成一致意见的，合同双方可就争议事项向人民法院提起民事诉讼。

（七）采购履约和验收

采购部门作为项目执行主体，要落实专人，对项目进展情况严格按照合同约定进行跟踪，在操作中独立把关，督促中标单位（成交供货商）落实合同，确保全面有效履行合同。

在合同履行过程中，若发现有显失公平、条款有误或对方有欺诈行为等情形，或因政策调整、市场变化等客观因素已经或可能导致学校利益受损的，申购部门应当立即中止项目，按规定和程序办理合同补充、变更或解除事宜。合同履行中原则上不得追加采购。确因特殊情况需要追加采购的，追加金额不得超过原采购合同金额的10%。

采购项目验收成立验收小组，对照合同约定的验收内容和要求，制定验收方案，出具验收报告。国家和行业有规定标准和要求的，按有关规定执行。验收报告应包括每一项技术、服务、安全标准的履约情况。有隐蔽工程的项目应出具中期验收记录。验收小组成员应当在验收报告上签字，并承担相应的法律责任。属于质量、技术机构强制检测范围的采购项目，应向国家认可的质量检测机构报检并获取专业检测报告，作为验收的前置程序。

对于满足合同约定支付条件的，申购部门应向财务部门申请合同支付，财务处自收到发票后 20 日内，办理经批复后资金结算手续。有关部门和个人不得以机构变动、人员更替、政策调整等为由延迟付款，不得将采购文件和合同中未规定的义务作为向供应商付款的条件。

（八）资产和采购档案管理

申购部门应按规定及时办理资产登记和财务入账手续，并做好资产交接工作。资产管理处负责整理、归集采购档案，定期移交档案馆归档保存，做到每项采购活动全程留痕、可追溯。政府采购档案不得伪造、变造、隐匿或者销毁[83]。政府采购档案的保存期限为自采购结束之日起不少于 15 年。采购档案可以电子档案方式保存。政府采购档案包括采购活动记录、采购预算、采购文件、响应文件、评审报告、采购合同、验收证明、质疑答复、投诉处理决定及其他有关文件、资料等。

（九）政府采购绩效管理

资产管理处联合财务处、审计处、申购部门等，对政府采购项目实施全过程绩效管理。政府采购项目绩效考核，既有自行考核，也有重评。学校申购部门会同资产管理处负责对政府采购项目执行情况、采购效率和效益开展自评价[84]。财务处将政府采购预算绩效纳入学校总体预算绩效评价范围，依据政府采购预算、项目执行情况和相关部门提供的材料，组织开展再评价工作。学校要加强政府采购项目绩效评价结果运用，要将绩效评价结果作为以后年度编报政府采购预算的重要依据。

第三节 高校政府采购内部控制的目标和方法

一、高校政府采购内部控制的目标

《内部控制整合框架》由COSO于1992年9月发布，是目前国际上认可度最高和最具有权威性的内部控制概念框架，其中有三个关于内部控制的目标：一是保证企业经营的效果与效率；二是保障财务报告的可靠性；三是遵循法律法规的规定。自2009年7月1日起，《企业内部控制基本规范》在上市公司中率先实施，对内部控制的目标也进行了明确规定。内部控制应确保企业的经济活动能够"合理地保障经营的合法合规，确保资产安全，确保财务报告及相关信息的真实性和完整性，提高经济效率和效益，推动企业达成发展战略"。随着内部控制研究的深入，行政事业单位也越来越意识到内部控制的重要性，并据此提出了一系列的内部控制目标，具体包括：合理保证单位经济活动的合法合规[85]、提高公共服务的效率和效果[86]、合理保证单位的财务信息及相关信息真实准确[87]、合理保证资产安全完整与资金的使用效率、预防和惩治单位舞弊行为等。相较于企业内部控制的目标，行政事业单位内部控制更加重视和强调要以防范风险和预防腐败等为目标。

作为培养人才的社会公共学术组织，高校内部控制目标应该是合理保证经济活动合法合规、国有资产安全有效、财务信息真实完整、学术和行政权力有效制衡，同时应该服从和服务于育人为本这一高校培养人才的总体目标。因此，高校政府采购业务内部控制目标至少要包含以下几方面的内容：

1. 合理保证单位经济活动的合法合规

高校政府采购经营活动中的各项业务活动，在红线上不能逾越，符合有关法律、法规及政策的要求；采购流程条理清晰，可细化，各环节要做到权责统一、责任到人。

2. 资产安全和资金使用效益得到合理保障

行政事业单位资产管理一直是管理中的重点和难点问题，单位资产采购管理工作如何加强，就必须从采购预算、资产配置及购置标准、采购计划、采购实施、资产验收入账、资产使用和盘点、资产处置等各个环节入手[88]，加强资产的控制和管理过程。另一方面，之所以强调资金的使用效率和效果，是因为行政事业单位运行管理的效率和效果最终都体现在资金的使用效率和效果上。这是因为行政事业单位是以预算管理为中心的，而预算管理反映了政府活动的范围和内容，是行政事业单位根据政治、经济和社会发展目标，筹集、分配与监督预算资金的管理活动，是行政事业单位资金的使用依据，行政事业单位的运行管理就是围绕资金的使用展开的，资金使用情况通过绩效考评等制度手段来体现。

3. 合理保证单位的财务信息及相关信息真实准确

财务信息记录了高校发生的每一项经济业务，反映高校经济业务的总体情况，高校必须采取科学的内部控制工作，合理保证会计报表的真实完整，客观地反映部门运行管理情况和预算执行情况，为领导层决策和解除受托责任提供可靠依据[89]。

4. 有效遏制舞弊和腐败行为

高校拥有丰富的社会公共资源，高校内部如果出现贪污腐败现象，将会损害学校的声誉，并降低社会对其的信任度。因此，高校应该将遏制舞弊和腐败行为视为内部控制的重要目标之一，以维护本单位的声誉并提升社会公众的信任度。同时，必须确保采购的整个过程做到公开、公平和公正。在阳光下进行采购，必须杜绝一切腐败行为发生。

5. 提升公共服务的效率和效果

提高行政事业单位行政公共服务的效率和效果，完成行政事业单位公共服务职能，是高校事业单位内部控制工作的目的所在。在高校政府采购过程中，对每一个服务对象和其他相关利益主体都要一视同仁，把社会资源合理高效地分配给各个利益主体，把保障学校日常工作和基本运行需要、购买物有所值的商品或服务作为政府采购资金效益提升的基本前提。

6. 促进人才培养、提高科学技术水平

高校作为事业单位，实现人才培养和科学研究的社会效益是其开展各项经济业务工作的出发点。高校的内部控制建设要以促进人才培养、提高科学技术水平为目的。

二、高校政府采购内部控制的原则

在我国现行的政策法规中，我们认为高校应参考《行政事业单位内部控制规范（试行）》来构建各校的政府采购内部控制制度[90]，并且在构建过程中要严格遵守《行政事业单位内部控制规范（试行）》中的五大原则，即合法合规原则、全面性原则、重要性原则、制衡性原则、适应性原则[91]，作为建立内部控制系统的指导原则。

1. 合法合规原则

这是开展政府采购业务的首要也是最重要的原则，为了确保该行为有法可依，我国先后出台了《中华人民共和国采购法》《中华人民共和国招投标法》以及《企业内部控制规范》等法律法规，在采购业务实施过程中，各项活动务必要在法律法规、政策允许的条件下进行。

2. 全面性原则

全面性原则是指高校在进行内部控制时，要统筹全局，将相关内部控制制度贯彻到财务管理、固定资产管理、物资采购、重大建设项目等经济活动的各个环节，对各项经济活动的决策环节、执行环节与监督环节实施全程的管控，而不仅是局限在对某一方面或是某一阶段的内部控制。这样，政府采购的内部控制必须贯穿于采购业务始末的全流程节点，把各项业务的管控落实到每个环节，做到不留死角。

3. 重要性原则

重要性原则是指高校要对各种风险进行重要程度的区分和排序，重点防范一些重大经济活动中的风险，并在总体控制的基础上加以明确。这样就要求单位在进行政府采购环节的内部控制时，既要兼顾全面，对各业务环节进行全方位的控制，还要梳理各经济业务潜在的风险，对存在的风险按其重要性程度进行分级，对重要业务事项、高风险领域与环节进行重点关注，这样才能在最大程度上减少损失。

4. 制衡性原则

制衡性原则是指高校要对各个职能部门以及教学院等组织机构进行制衡管理，明确各院部的职责与权力，避免出现权力滥用的现象，同时要将一些不相容的岗位分离出来，通过各种规章制度对相关行为进行规范，明确各项经济活动的具体流程。这样高校政府采购需合理设立机构和工作岗位，明晰各职位人员的权力与责任，使学校的部门之间、岗位之间形成有效制衡，防止权力滥用的情况。这是确保高校政府采购内部控制得到有效施行的关键原则。

5. 适应性原则

适应性原则是指高校在参考《行政事业单位内部控制规范（试行）》制定本校的内部控制制度时，要结合自身的实际情况，切忌生搬硬套或是照搬照抄，要实事求是，做到具体问题具体分析，同时还要根据各高校在不同发展阶段的变化对其内部控制制度进行不断进行修正和完善。这样就要求各高校在实施内部控制时不能单纯的生搬硬套国家有关规章制度的要求，而要结合本校的实际，对存在的具体问题进行具体的分析，构建一套适合自己经济业务特点的内控体系，做到有的放矢地进行内部控制制度的制定和完善。同时各高校还应根据外部宏观环境的改变、本校经济业务活动的变动和管理要求的提升等状况适时地进行查缺补漏，及时做好相关的管理制度的更新。

三、高校政府采购内部控制实施方法

关于行政事业单位内部控制实施方法，《行政事业单位内部控制规范（试行）》明确了规定了不相容岗位分离、实施内部授权审批制度、归口管理、预算控制、资产管理、单据控制、财务信息公开等方法[92]。因此，高校政府采购内部控制实施方法主要有：

1. 不相容岗位相互分离

政府采购业务涉及的岗位众多，每个岗位被赋予的权利和义务不同，为了防范风险，很多岗位的权力需要相互牵制，不能由同一人担任，比如采购执行岗和采购验收岗不能由同一人担任，政府采购执行和采购验收岗。

2. 采购内部授权审批权控制

高校开展政府采购活动，要经过层层审核，层层把关。要把好政府采购关，高校可以按业务性质或金额大小进行分层次的业务划分，对于金额较小的业务，审批流程可以控制得更短一些；对于金额较大或者对高校有重大影响的业务，可通过集体决策或会签制度，其审批时限会更长。

3. 预算控制

在政府采购业务中，整个采购过程都需要经过预算把控。

4. 财产保护控制

加强物资管理，做好对采购物资后期验收、保管、档案管理、盘点等工作。

5. 会计控制

财务人员在政府采购内部控制中的重要作用是加强财务、会计知识学习，熟悉采购流程，提高自身内控水平，做好财务审计，把好内控第一关。

6. 信息公开

政府采购业务要做到全流程公开公平公正，包括招标公告发布公开、招投标过程公平公正、采购结果透明。政府采购只有做到公平公开、公正，采购效益和质量才能得到最大程度的保证。

因此，在建立高校内部控制制度时，我们应考虑采取一系列有效的控制措施，主要包括以下几个方面：

第一，组织控制。即需要设立专门的管理部门或机构，负责政府采购各项业务活动的执行以及沟通协调，并且各部门都要有自己的管理办法和规定，岗位设置时应确保不相容岗位的分离；

第二，授权批准控制。是指需要清晰地界定各项业务流程中的审批环节，以及各审批主体的权利与责任；

第三，风险控制。对各项经营活动和财务活动进行风险评估，以明确各项风险点，通过采取一系列措施防范风险；

第四，财产保全控制。通过岗位权限的合理安排和现有资产的定期检查，保证资产安全，实现财产保全控制。

第四节　基于内部控制视角的高校政府采购机制构建

一、高校政府采购内部控制总体框架体系

高校内部控制建构是高校主动适应高等教育改革发展、建立现代大

学制度、规范大学经济活动的必然选择[93]。明确清晰的高校内部控制总体框架体系是有效指导高校内部控制实践的理论工具，它一般可分为内部控制活动、内部控制体制、内部控制机制、内部控制观念四个基本范畴[94]。

高校内部控制活动是指为保障这些活动得以有序、高效实施而制定的政策和程序。内部控制活动与具体的教育教学业务或事项活动紧密相连，一种业务或事项可能采取多种不同的内部控制活动，同样的内部控制活动也可能在不同的业务或事项中进行。

高校内部控制体制既包括高校内部控制的机构及其相互关系，也包括对高校内部控制机构职责和权限划分的内部控制的制度，是两者的结合体。机构和制度是高校内部控制体制的两个构成要素[95]，机构是体制的载体，是组织基础；制度是体制的核心，是机构得以持续存在的依据[96]。

高校内部控制机制，可理解为高校内部控制各部分的相互关系及其运行方式。《行政事业单位内部控制规范（试行）》将行政事业单位内部控制活动划分为单位层面和业务层面两个层次，高校内部控制机制也相应分为单位层面的控制机制和业务层面的控制机制两个层次[97]。其中，单位层面主要是从整体角度，划分为内部控制环境、内部控制的监督与评价、风险评估情况以及信息与沟通等四个方面；业务层面主要是从单位的内部控制制度执行状况出发，划分为预算控制、收支控制、采购控制、资产控制、建设项目控制与合同控制六大要素[98]。

高校内部控制观念是对高校内部控制的系统的理性认识，并指导着高校内部控制实践，包括高校内部控制本质观、高校内部控制价值观、高校内部控制实践观、高校内部控制质量观。

高校内部控制框架模型如图3-1所示：

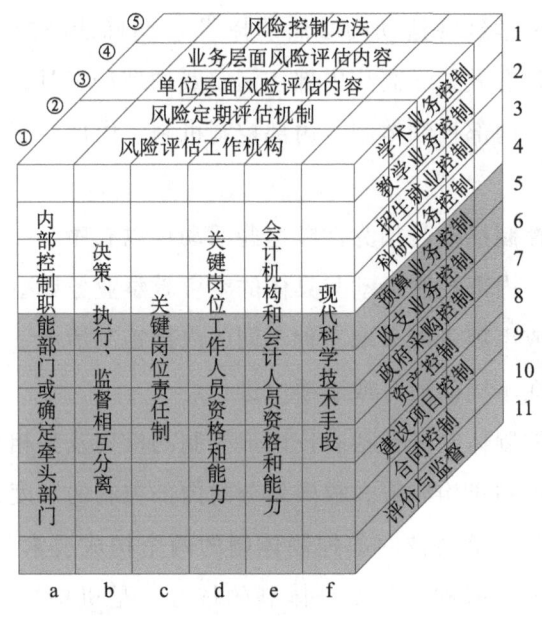

图 3-1 高校内部控制框架模型

其中 1-4 层是高等学校内部控制活动，主要包括高校学术、教学、招生、科研等业务控制活动[99]，是区别于其他行政事业单位的业务层面内部控制活动；5-11 层为高校内部控制活动与其他行政事业单位相同或类似的业务层面内部控制活动，主要包括预算、收支、资产、采购、建设项目、合同等与其他行政事业单位基本相同的业务控制活动[100]；a-f 列为高校单位层面的控制活动，主要包括组织架构、运行机制、内部控制制度建设、关键岗位与人员设置以及内部控制信息系统建设等几个方面；①-⑤为高校内部风险评估及内部控制方法。

二、高校政府采购内部控制机制构建

我国对行政事业单位的内部控制机制研究起步较晚，2014 年，财政部才颁布实施《行政事业单位内部控制规范（试行）》（简称《规范》）。《规范》从单位层面和业务层面两个层次阐述行政事业单位内部控制要点。2016年,教育部颁布了旨在有效指导高校推进内部控制建设的《教育部直属高校经济活动内部控制指南（试行）》（简称《指南》）。与行政事业单位内部控制建设相比,企业内部控制研究已经比较成熟,《企业内部控制基本规范》从内部控制5要素的角度展开论述,具有较为完备的理论框架体系。

目前,高校内部控制建设尚处于对照上述《规范》和《指南》的实践探索阶段,针对高校政府采购业务而言,各高校基于管理实践中的痛点,从巡视整改意见和审计报告入手,分别从控制环境、风险评估、控制活动、信息与沟通、监督5个维度提出政府采购业务内部控制要点,逐步建立起高校政府采购业务内部控制框架体系（见图3-2）。

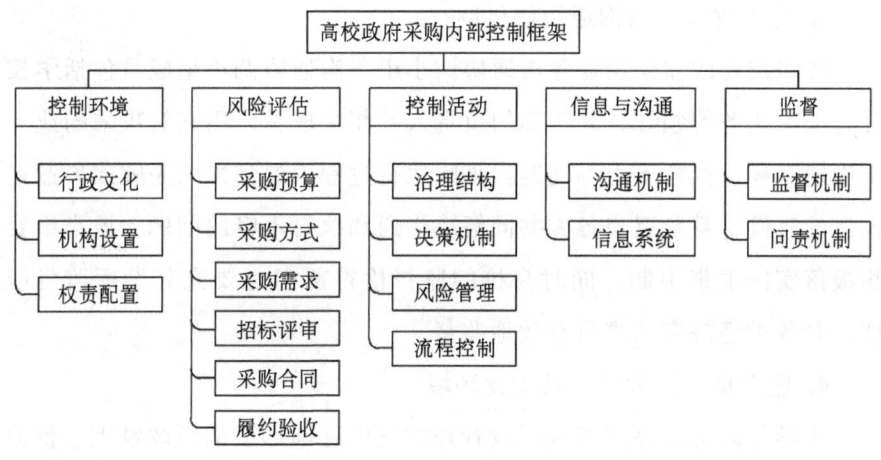

图3-2 高校政府采购内部控制框架体系

（一）控制环境

环境要素是其他一切要素的基础。高校政府采购内部控制环境主要涉及组织机构设置、权责运行机制和大学行政文化三个方面内容。具体包括：

1. 合理设置政府采购管理机构

为了确保学校的政府采购活动有序进行,高校应建立一个由主要负责人直接领导的内部控制工作职能部门,并设立专门的政府采购管理部门。统一管理和处理学院的各类采购事务,其内部职能应包括:制定学校的政府采购管理办法;审核政府采购申请;组织并实施政府采购活动;处理相关的质疑与投诉;妥善保管政府采购业务的原始资料,确保档案管理完善。

2. 科学设置政府采购业务岗位

高校应根据不同工作岗位的具体特征和人员配置,设立政府采购业务流程中的各个工作岗位,并进一步明确各岗位责任主体之间的权责。各岗位的员工需对业务流程十分熟悉,并全面承担责任,以确保采购工作的顺利进行。

3. 建立政府采购沟通协调机制

各高校要成立采购业务沟通协调小组,沟通协调小组成员包括学校分管采购业务的领导,采购部门负责人及相关成员,用来解决采购业务中沟通不畅、执行不力等问题。采购执行过程中遇到采购失败或者遭遇投诉的时候,需要召集各方共同解决沟通和执行不畅的问题。该小组要积极落实民主集中制,同时高校的监督检查部门也要充分发挥监督职能,对各类经济事项进行有效地监督。

4. 建立良好的大学行政文化环境

大学行政文化是指高校行政管理实践中逐渐形成的行政氛围、价值观以及行为习惯。内控制度的再完善,都需要每个个体来执行,因此需要整个单位建立起执行内控制度的行政文化,提升教职工的规则意识和责任感,养成良好的行政行为习惯,确保内控制度有效执行。

(二) 风险评估

依据《指南》,为了实现高校政府采购业务内控目标,我们就必须消除实现内控目标所面临的一切不确定因素,采取一定措施,防范高校政府采购业务过程中可能出现的风险。高校政府采购业务层面主要存在以下风险：

1. 政府采购活动没有按批准的预算执行

立项预算编制过程中，项目单位在编制政府采购需求预算时，没有进行充分的市场调研，随意制定预算，导致政府采购活动无法按照批准的预算执行。

2. 未经审批，随意变更采购方式

高校政府采购资金来源广，采购品种多，在"放、管、服"的政策背景下，采购人化整为零规避公开招标或者未经审批，随意变更采购方式的情况屡见不鲜。

3. 采购需求具有倾向性和排他性

采购需求方在编写高校政府采购文件过程中，有时会存在不能合理确定采购需求和以不合理条件排斥其他潜在供应商参与招投标的问题。这样，就会出现因不能合理确定采购需求的采购文件，而造成资金使用不当和学校可能面临供应商质疑投诉风险的情况出现。

4. 招投标程序不规范或评审过程存在倾向性

目前，国家批准的社会招标代理机构准入门槛不高，业务水平参差不齐，这样就有可能出现在高校政府采购招投标过程中，程序不规范的问题。另外，在评标过程中，也有可能出现因采购人代表或评审专家不能独立评审，影响评审结果的问题。

5. 不及时签订采购合同或采购合同与招投标文件不一致

投标人在投标时，为了能中标，在投标文件中事事能"响应"采购文件中的技术条款，一旦中标后，在签订合同时则变成有条件的响应，随意变更合同条款，从而导致招标投标过程中出现"走过场"的现象。

6. 不严格执行履约、验收程序

尽管国家有关法律文件对高校政府采购工作的规范性要求越来越高，但目前还没有相关法律规定中标供应商的履约能力以及供应商违约处理等问题，这就会出现采购人不能有效制约供应商履约能力的情况；同时，一些高校政府采购内控机制不健全，采购人既负责项目实施又负责项目验收，没有对供应商履约情况形成有效的监管。

（三）控制活动

行政事业单位采购业务分为自行组织零星采购、自行组织政府采购和委托政府采购代理机构自行组织政府采购三种管理模式。由于政府采购业务都会涉及采购计划、采购执行、采购验收结算三个环节。为降低上述三个环节的风险点，高校在政府采购工作中，应综合运用各种控制方法，采取一定的控制措施以降低政府采购风险，以实现政府采购内部控制目标。

1. 调整机构设置，明确权责配置

以前高校政府采购机构为资产处负责仪器设备采购项目，后勤处负责后勤大宗物资及后勤服务的采购项目，基建处负责工程建设项目。现在，大多数学校都成立招标采购中心，归口管理学校各类货物、服务和工程的采购管理工作。原有职能部门作为招标采购工作的业务管理部门，分别保留各自工作职能。通过招投标采购权责重新配置，明确了各部门在招标采购中的职责权限，保证了决策和执行的权限分离，从治理结构上有效降低了风险。

2. 建立决策机制，优化控制环境

在组织机构调整的基础上，各高校为了保证决策和执行的权限分离，同步建立了完善的权力运行机制及重大事项决策机制。一是学校成立招标采购领导小组，主管校领导和相关职能部门为小组成员，作为招标采购工作重大事项的决策机构。针对重大项目、特殊事项以及变更采购方式等，由招标采购领导小组集体决策。二是落实二级单位在采购需求制定中的主体责任。允许二级单位自主确定一定限额内的采购需求，并在充分调研的基础上制定具体的采购需求。这样，通过改革权力运行机制，内控环境从学校层面得到了优化，保证政府采购业务高效运转。

3. 加强关键环节控制，优化业务流程

学校对政府采购关键环节进行风险评估，针对各环节风险点建立了关键环节风险应对措施，见表3-1。

表3-1　　　　　高校政府采购关键环节风险应对措施

关键环节	主要风险点	风险应对措施
采购预算	财务预算批复前启动采购活动；漏报政府采购预算；预算编制与采购立项不符	加强预算管理，严格执行"无预算不采购"；规范预算调整程序；加强需求论证管理，加强立项要件审核
采购方式	化整为零规避公开招标；未经审批变更采购方式	规范招标限额以下采购项目管理，落实二级单位主体责任；加强变更采购方式授权审批管理
采购需求	采购需求不合理；采购需求存在倾向性、排他性	建立采购立项专家论证机制；落实采购人主体责任，建立采购需求审核会签机制
招标评审	采购人代表或评审专家存在倾向性；招标代理机构未按规定程序组织招投标过程	建立采购人代表授权审批制度；建立校内评审专家管理办法；建立招标代理机构评价机制
合同签订	未经授权签署合同；合同内容与招投标文件不符；合同中存在明显对学校不利的条款	加强采购合同签订授权管理；建立采购合同审核会签机制
履约验收	未严格执行验收程序；未按照采购验收标准进行验收；对违约情况处理不当	项目实施与项目验收权限分离；建立供应商评价机制

其主要应对措施为：

（1）严格执行采购立项要求。除严格执行"无预算不采购"外，还要加强需求论证管理，注重项目立项批复审核，从源头上杜绝预算与立项不相符、项目资金随意挪用等现象的发生，切实做到有章可循、有的放矢。

（2）加大审批管理力度，改变采购方式。首先根据项目特点指导采购人合理选择采购方式，其次加强变更采购方式审批管理，在专家论证和信息公开的前提下，根据不同的采购限额确定审批权限。

（3）建立采购立项专家评审机制及采购需求会签机制。为合理分配资金，保证资金使用与学校战略发展规划相适应，学校应建立采购立项专家评审机制，以评估采购内容的合理性和必要性。另外，学校还应建立采购需求内部会签机制，确保职能部门对采购需求前置审核，通过加强事前风险管理，有效降低采购风险。

（4）针对采购人代表、校内评审专家及招标代理机构建立相应的管理制度。通过制度建设明确各自的权利义务，从制度上约束其评审行为；同时建立招标代理机构的评价机制，逐步淘汰不合规的招标代理机构，保证招标代理机构的招投标程序规范有序。

（5）建立采购合同授权审批及重大合同会签机制。针对重大项目采购合同，学校应建立起采购人、业务管理部门、财务部门及法务部门协同审批机制，确保合同能够切实反映招标要求，维护学校利益。

（6）加强履约验收管理，建立供应商履约评价机制。学校应制定采购验收管理办法，落实验收管理责任，将项目实施与项目验收职能权限相分离，从制度上规范学校验收管理工作。此外，学校探索建立供应商履约评价机制，确保通过有效评价引入更多优质供应商为学校提供服务，并对供应商实施正向激励，同时试行失信供应商公示制度，保障学校权益。

（四）信息与沟通

在政府采购业务中，由于职能部门之间信息不对称导致业务流程不能有效衔接，许多高校各部门缺乏有效的沟通协调，仅从本部门的角度设置业务流程，不仅内控作用难以发挥，执行效率也无从谈起。同时与行政单位相比，高校资金来源广，政府采购业务复杂，涉及的职能部门较多，信息传递的准确性和时效性是影响政府采购效率的关键因素。鉴于此，建立有效的沟通机制，在政府采购内控体系建设过程中必不可少。

（五）监督

目前，政府部门已经建立起较为完善的政府采购监督管理体系，而国内各高校的政府采购监督机制改革普遍滞后，亟需建立起与外部监管理念相适应的内部监督机制，规范单位内部监督约束程序，同时应建立招标采购问责机制，厘清招标采购各个环节的内部权责清单，改变目前高校招标采购工作追责难的现状。此外，纪检部门和内审部门应转变行政理念，将关注重点从某个具体政府采购项目转变为整个政府采购内部控制体系，成为内控体系是否健全的评价者以及内控机制是否有效执行的监督者，从而逐步构建起与内控机制相适应的廉政风险防控体系，使政府采购工作真正成为政府采购内部控制体系的重要组成部分，政府采购工作的重点由事后责任追究向事前预防、事后问责转变，使政府采购工作更加完善、更加规范、更加健全、更加完善。

第四章

H高校政府采购内部控制运行现状

第一节　H高校基本情况概述

H高校是一所以理工科为主的省属一本高校，涵盖理、工、文、经、管、法、教育、艺术等多个学科，是湖南省博士学位授予立项建设单位，也是首批国家产教融合发展工程应用型本科规划高校、湖南省改办大学规划高校以及湖南省国内一流学科建设高校。H高校现有51个本科专业、10个一级学科硕士学位授权点、13个硕士专业学位授权点、1个国内一流学科建设与培育学科、5个省级重点建设学科，现有18个教学院和1个独立学院。

学校现有2100多亩校园面积和20000余名全日制本科生、硕士生、留学生，教职员工1500余人，其中包括教授、副教授460余人，硕士生导师400余人，长江学者奖励计划特聘教授、国家杰出青年基金获得者、国家百千万人才工程人选、"新世纪优秀人才支持计划"人选、"全国高校黄大年式教师团队"负责人、国务院特殊津贴专家、湖南省"121"创新人才工程人选等国家级、省部级高层次人才150余人，长聘高水平外籍教师近20人，柔性引进院士、长江学者奖励计划特聘教授、国家杰出青年基金获得者等20余人。

学校坚持以本为本，扎实推进产教融合、协同育人，教育教学能力不断提高，教育教学质量不断提高。被批准立项的本科教学"质量工程"项目数量居全省高校之首，其中获国家一流本科专业建设点12个、省级一流本科专业建设点26个，现有国家级特色专业4个、省级特色专业9个；化学工程与工艺专业通过工程教育专业认证，美术学、汉语言文学和化学专业完成师范类专业认证；立项认定国家一流本科课程2门、省级一流本科课程88门、省级课程思政示范课程6门、省级思政金课2门；获批国家级实验教学示范中心1个、国家级大学生校外实践教育基地1个、省部级实践教学平台32个。此外，获国家级教学成果奖二等奖3项，国家级专业综合改革试点项目2项，教育部"产学合作专业综合改革"项目3项，教育部产学合作协同育人项目229项，国家新工科项目2项，省级新工科项目2项、新文科项目3项、新农科项目1项，省级专业综合改革试点项目3项。近5年来，该校教师在全省教学创新大赛、课堂教学竞赛、课程思政竞赛和信息化教学竞赛四大Ⅰ类本科教学竞赛中获一等奖17项、二等奖17项、三等奖32项。

H高校立足于高素质应用型人才培养定位，注重学生的创新精神和创新能力培养，人才培养质量不断提高。坚持将学科专业建立在产业链上，打造了以石油化工、工业智能、高端电磁装备、新能源、水资源保护、港口物流、湖湘文化传承等为特色的专业集群，先后与50余家大型央企、国企、民企建立了联合培养机制，开办了"订单班"，联合成立了"绿色化工"湖南省现代产业学院、"现代石化"卓越工程师培养基地。近3年，学生获得省级以上各类大赛奖励1959项，其中国家级一等奖88项、二等奖175项、三等奖174项、省级一等奖277项、二等奖498项、三等奖747项，中国高等教育学会学科竞赛排名位居全省同层面高校前列；近5年，学生获国家级大学生创新创业计划项目112项、省级226项，建立实习实训基地268个，学生录取调档线、就业率、考研录取率稳居全省同类院校前列。

H高校积极对接国家创新驱动发展战略的需求，科学研究水平快速提升。现有省部级科研平台41个，其中中国机械工业重点实验室1个，湖南省重点实验室5个，省级工程研究中心4个，省高校"2011协同创新中心"1个，省级工程技术研究中心3个，省社科研究基地5个，省普通高校哲学社会科学重点研究基地3个，省普通高校产学研示范基地3个，省普通高校重点实验室5个，湖南省海智基地1个。近5年来，共主持获得国家自科基金项目56项，国家社科基金项目24项；获省级以上科技奖励 54 项，其中教育部科学研究优秀成果奖二等奖 2 项，湖南省社科成果奖一等奖 2 项；《云梦学刊》"当代学术史研究"栏目入选教育部第三批"名栏建设"工程。

H 高校主动服务区域经济社会发展，与地方政府、行业企业、高等院校及科研院所联合搭建高水平学科平台，社会服务能力不断增强。柔性引进国内外高水平专家组建了先进光学研究所、新能源研究所、有机高分子功能材料研究中心、大物流研究创新中心、机器视觉及人工智能研究中心、3D 打印实验室；与上海建为集团组建了"湖南省文物建筑保护利用重点科研基地"；引进国防科技大学高水平自主择业博士、教授成立了"军民融合研究院""湖南省应急通信工程技术研究中心"；与地方政府签订了全面合作框架协议，成立了湖南岳阳乡村发展研究中心、湖南省屈原文化研究基地、湖南省岳州窑文化研究基地、湖南省港口经济研究所等。

H 高校加快推进教育国际化进程，开放办学成效不断提升。从 1985 年开始聘请外籍教师授课，招收培养留学生。先后与俄罗斯、德国、韩国、加拿大、美国、日本等国家的高校建立友好校际关系，实施"3 + 1 + 1""2 + 2"等多层次的本硕协同培养项目，与韩国湖西大学合作举办应用化学专业本科教育项目。先后有 10 余名外教荣获"国家友谊奖""潇湘友谊奖""芙蓉奖"等荣誉，俄罗斯外教弗拉基米尔·加宁两次受到国家主席习近平同志的亲切接见。此外，学校积极参与"一带一路"体育援助计划，承担了近 10 个国家的体育训练任务，获批湖南省对外体育技术培训接待基地。

H 高校组织机构设置为党政管理机构、教辅机构、群团机构三大部分，其中党政管理机构下设资产设备管理处、党政办公室、计划财务处、基建处等 19 个部门，教辅机构下设社科发展中心、信息中心、图书馆等 5 个部门，群团组织下设工会与团委两个部门。H 高校在长期的办学过程中，传承先进文化思想与湖湘文化精髓，践行"至善穷理"校训和"三个为本"办学理念，逐步形成了"严谨、和谐、求实、创新"的优良校风。全面加强党的建设,确保了正确的办学方向,促进了学校健康发展,先后被评为"全国文明单位""全国普通高校毕业生就业工作先进集体""全国师德建设先进单位""全国引进国外智力先进单位""全省先进基层党组织""全国五四红旗团委"等。H高校具体组织机构设置如图4-1所示:

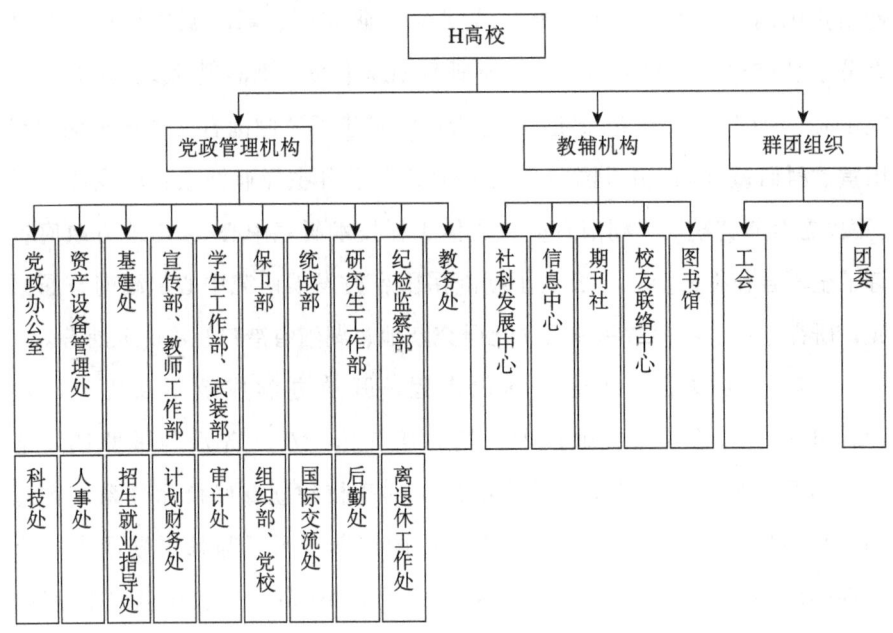

图4-1 H高校组织架构图

第二节 H高校政府采购现状

一、H高校政府采购总量

党的二十大报告指出:"科技是第一生产力、人才是第一资源、创新是第一动力"。"十四五"以来,全校师生围绕学校"创大申博"建设目标,立足区域经济社会发展主战场,坚持创新引领,瞄准学术前沿,面向国家和行业重大需求,开拓创新,锐意进取,在科硕课题与成果、产学研合作等方面取得了显著成绩,为学校实现特色鲜明的国内高水平大学奋斗目标奠定了坚实的基础。与之相对的是学校也加大了政府采购的力度,支撑学校高质量发展。如 2024 年学校政府采购预算总额 2909.88 万元,占本单位收入总预算的 4.6%;其中,货物类采购预算 1708 万元;工程类采购预算 1201.88 万元;服务类采购预算 0 万元;在货物类采购预算中,设备采购支出 150 万元,主要用于我校常规教学设备采购等方面,中央财政支出地方高校发展专项支出 1533 万元,主要用于我校图书及数字资源、实验室仪器设备采购等方面;其他教育综合发展专项支出 25 万元。H 高校 2018 - 2023 年政府采购总量如图 4 - 2 所示:

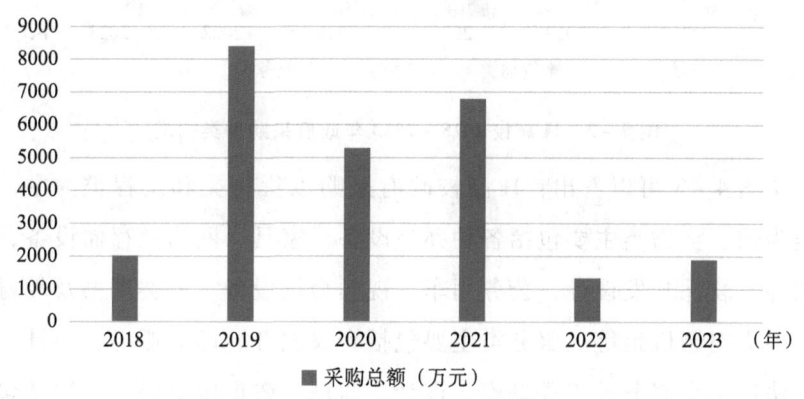

图 4 - 2　H 高校 2018 - 2023 年政府采购总量

从图 4 - 2 可知:H 高校 2018 - 2023 年政府采购业务总量比较大,其中 2019 - 2021 年呈爆发式增长,是因为 2019 年新的实训大楼在建,政府采购工程支出 6770.28 万元,2020 年政府采购工程支出继续支出 3793.87 万元,2021 年是学校承办湖南省大学生运动会,工程类政府采购支出 6000 万元。

二、H 高校政府采购构成情况

（一）政府采购种类构成情况

政府采购品目主要分为货物类、服务类和工程类。H 高校 2018 - 2023 年政府采购种类构成情况如图 4 - 3 所示：

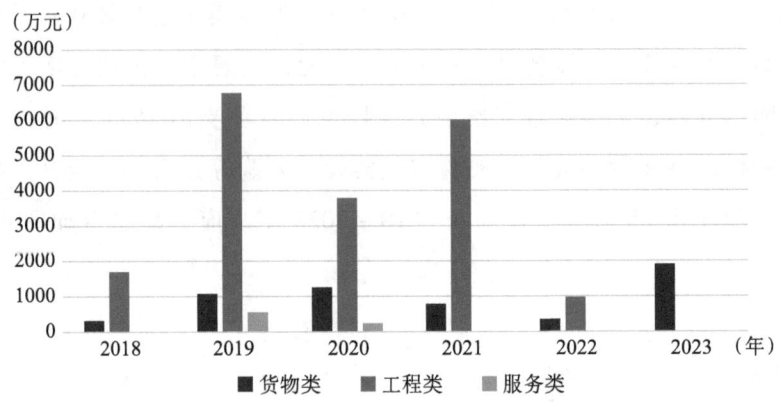

图 4 - 3 H 高校 2018 - 2023 年政府采购种类构成

从图 4 - 3 可以看出：H 高校政府采购以货物类和工程类为主，服务类为辅。货物类主要包括各种办公设备，家具，网络及存储设备，通用软件及软件开发设计，公务用车，视频会议设备，各类图书及教材资料，中央空调机组等。服务类主要包括会议服务，印刷服务，会计、审计、法律中介服务，工程勘察、设计、监理、咨询服务等。工程类包括建筑物和构筑物的新建、改建、扩建、拆除、修缮等。

（二）政府采购组织形式构成情况

政府采购按采购组织形式可分为集中采购和分散采购。集中采购又分为集中采购机构采购和部门集中采购。H 高校 2018 - 2023 年政府采购种类构成情况见表 4 - 1：

表 4-1　　H 高校 2018-2023 年政府采购种类构成情况　　　　单位:%

采购组织形式	年份					
	2018	2019	2020	2021	2022	2023
集中采购	42	41	41	42	44	43
部门集中采购	34	34	33	29	25	23
分散采购	24	25	26	29	31	34

从表 4-1 可以看出:H 高校政府采购主要是采用集中采购组织形式,但是分散采购所占的比例呈大幅增长的趋势。因为分散采购相对来说,采购流程得到了一定的简化,其时间和费用都相对节省了,一般来说适用于紧急采购或者采用集中采购成本更高的项目。但分散采购容易受到外界因素影响,如果内部控制制度不完善,监督管理不到位,则会发生降低采购效益,增加采购风险等情况。

（三）政府采购方式构成情况

H 高校在政府采购过程中主要采用公开招标、邀请招标、单一来源、竞争性谈判、询价和竞争性磋商等采购方式。H 高校近 3 年采用的政府采购方式构成情况见表 4-2:

表 4-2　　H 高校 2018-2023 年政府采购方式构成情况　　　　单位:%

采购方式	年份					
	2018	2019	2020	2021	2022	2023
公开招标	42	41	41	42	44	43
邀请招标	4	5	5	4	3	3
单一来源	3	3	3	3	3	3
竞争性谈判	30	30	30	29	28	27
询价	5	5	4	5	5	6
竞争性磋商	11	10	10	9	8	8
电子卖场	5	6	7	8	9	10

从表 4-2 可以看出:H 高校主要采用公开招标和竞争性谈判采购

方式进行政府采购。公开招标是学校或学校委托政府采购业务代理机构通过指定媒体，公开向社会发布招标公告，符合招标文件规定的不特定法人（统称投标人）均可参加投标竞争的采购方式。公开招标能够使得各投标商公平竞争，有利于采购单位尽可能地选择最优的供应商，因此选用这种方式较多。预算达到财政部门公布的公开招标数额标准的货物、服务或者工程采购项目，原则上采用公开招标方式采购。学校任何部门不得将应当以公开招标方式采购的项目化整为零规避公开招标采购。竞争性谈判是指从符合相应资格条件的供应商名单中，确定不少于3家的供应商就货物、服务或者工程采购事项进行谈判的采购方式。竞争性谈判主要适合如下情况：①技术复杂或性质特殊，不能确定详细规格或者具体参数要求的；②非采购人所能预见的原因或者非采购人拖延造成采用公开招标方式所需时间不能满足用户紧急需要的；③因艺术品采购、专利、专有技术或者服务的时间、数量事先不能确定等原因不能事先计算出价格总额的货物或服务[101]。竞争性谈判这种采购方式，如果能够设计科学合理的谈判流程并且组织得当，那么可以更加灵活高效地选择供应商。

对限额标准以下货物、服务和工程项目原则上要在湖南省政府采购电子卖场进行采购，电子卖场采购包含直购、竞价和团购三种交易方式。

（1）直购是采购人在上柜商品中择优选择，直接向入驻供应商下达订单的方式。采购需求可以明确品牌型号或具体服务要求的，采购人可以采用直购方式。

（2）竞价是采购人提出竞价需求清单，邀请供应商竞价，选择实质性响应采购需求的入驻供应商成交的方式，是参照政府采购非招标方式的简化网上交易方式。采购需求清单明确为商品标准、参数规格或服务要求以及经投资评审的工程量清单的，采购人可以采用竞价方式。

（3）团购是具有相同采购需求的采购人，邀请信用等级较高的入驻供应商竞价，实质性响应采购需求且报价最低的入驻供应商成交的方式。团购是多个采购人的批量竞价，适用于技术、服务等标准统一的商品。

第三节　H高校政府采购内部控制现状

一、内部控制环境现状

（一）H高校政府采购业务组织架构及职责划分

H高校成立招标采购工作领导小组，校长任组长，分管招标采购工作的副校长任副组长，成员由纪检监察处、计划财务处、审计处、资产设备管理处、后勤处、基建处等部门负责人和学校法律顾问组成。

学校招标采购工作领导小组下设招投标管理办公室，是学校招标采购工作的归口管理机构，招标办主任由资产设备管理处处长兼任。另外，根据不同的采购项目成立采购工作小组（包括评标小组），小组成员由纪检监察处、计财处、审计处、招标办代表、项目申请单位技术负责人、校内评标专家等组成，由项目经费管理部门在采购过程中，负责组织协调各单位做好采购计划编制、预算编制、立项审批等工作，其中学校各类工程建设（包括项目咨询、勘察、设计、施工、代建、监理以及与工程建设项目有关的重要设备、材料的采购等）项目，由基建处、后勤处负责日常管理；货物和服务类招标采购项目由项目申请单位负责日常管理。高校的物资采购业务由上述相关职能部门进行采购的日常工作处理以及行使采购管理职能，并由信息与网络中心、计划财务处、审计处、法律顾问处行使辅助监督职能，确保采购工作有序按章完成。

H高校政府采购业务相关部门设置及职责见表4-3：

表4-3　　　　高校政府采购业务相关部门设置及职责

部门名称	主要职责
招标采购工作领导小组	①全面领导学校的招标采购工作；②审议学校招标管理工作的规章制度；③审定学校"评审专家库"；④讨论决定学校招标工作中的重大事项；⑤完成学校党委、行政交办的其他工作
招投标管理办公室	①制定及实施招标采购管理的内部控制制度；②编制学校招标采购预算和采购计划；③负责学校"评审专家库""招标代理机构库"的建设和管理；④确定招标采购方式，并负责所有采购项目的立项和招标；⑤组织学校采购项目的合同审签；⑥负责学校采购相关资料的立卷归档；⑦负责处理招标采购相关质疑和投诉等
采购工作小组（评标小组）	根据招标文件要求，全面负责物资采购的论证、考察、招投标、合同的签订、合同履行情况的检查等全过程工作
项目经费管理部门	①归口项目采购计划的汇总、论证、立项、审核和报批；②根据项目性质做好招标采购前期准备工作，并参与采购活动；③监督合同的审定和履行，参与或组织项目验收工作；④协助办理项目款项支付与结算工作；⑤完成招标采购工作领导小组交办的其他工作
信息与网络中心	①参与学校服务器类硬件采购，软件采购，信息技术服务、网络工程等项目论证，并负责相关档案资料管理；②负责学校信息化建设项目管理；③参与软件项目采购合同审签、验收等；④完成招标采购工作领导小组交办的其他工作
计划财务处	①负责组织政府采购预算申报和采购预算调整；②负责采购项目预算的立项论证审批；③参与货物、服务项目采购合同会审；④负责在建工程转固定资产的核算工作；⑤负责招标项目款项的支付；⑥完成招标采购工作领导小组交办的其他工作

续表

部门名称	主要职责
审计处	①负责对货物、服务采购项目进行预算审计，并出具审计意见；②负责对工程项目清单上限值的审计并出具审计意见；③参与招标项目的立项审签；④参与货物、服务，工程项目采购合同审签；⑤负责对招标采购活动的审计监督；⑥完成招标采购工作领导小组交办的其他工作
法律顾问	①负责为学校招标采购活动提供法律咨询，协调处理招标采购活动法律事务；②负责对合同的合法、合规性进行审查；③负责通用合同模板审定、特殊项目合同模板起草等；④负责处理学校招标采购活动中的法律纠纷；⑤完成招标采购工作领导小组交办的其他工作

通过对H高校政府采购业务相关部门及职责研究发现，该高校目前的政府采购内部控制环境较为合理有效，其中H高校政府采购业务相关部门设置相对合理，各部门之间的职责划分也比较明确，但缺少专门负责风险评估的相关部门，在实际操作中容易忽视风险评估这一重要的内部控制环节。

（二）H高校政府采购业务规章制度建设

H高校招投标管理办公室为进一步规范高校政府采购业务，促进廉政建设，提高采购资金的使用效益，H高校根据《中华人民共和国招标投标法》《中华人民共和国政府采购法》《湖南省省属高校政府采购管理暂行办法》等法律、法规要求，结合本校实际情况制定了《H高校采购与招标管理办法》《H高校经济合同管理办法》和《H高校政府采购内部控制规范》。这些制度从启动招标、采购执行到合同签订、组织验收再到财务报账等方面规范了H高校政府采购行为。其主要内容包括：①总则；②管理机构及职责；③计划申报与审批；④招标采购方式与评审办法；⑤招标采购程序；⑥合同签订、验收与支付；⑦监督检查；⑧附则。

该制度规定：①对于纳入财政预算管理的项目应当按照《湖南省省本级财政投资评审管理办法》进行财政投资评审；②根据《湖南省政府采购意向公开工作方案》，H高校必须按季度公开政府采购意向，公开时间不得晚于采购活动开始前30日，未公开采购意向的项目不得实施采购；③所有的招标项目应遵循公开透明、公平竞争、公正廉洁、诚实信用、讲求绩效原则。

同时财务处制定了《H高校预算管理办法》，对本校预算的编制、执行、调整与决算方面内容做出了相应的规定。审计处制定了《H高校内部审计工作规定》，对学校审计部门的职责与权限、工作程序等进行了规定。资产处制定了《H高校国有资产管理暂行办法》，对资产的使用、处置流程等内容做了详细规定。基建处制定了《H高校工程项目监督暂行办法》等制度，规定了基建项目的招投标范围、招标流程、项目验收以及招标过程中的纪律与责任。

二、风险评估现状

由于高校政府采购活动中的各个环节均存在一定风险，因此，学校建立了相应的风险评估机制，对高校政府采购活动中的风险进行全面、动态的评估，以此作为完善高校政府采购内部控制的主要依据，并能在预测风险发生概率以及风险出现时，能及时制定相应措施，并将风险损失降到最低。但H高校并未成立专门的风险评估部门，而是由纪检监察处负责对学校招标采购活动进行监督检查，以此把控风险。该部门主要监督检查内容如下：①遵照有关招标采购的法律、行政法规和学校规章制度的执行情况；②采购范围、方式和程序的执行情况；③采购合同的执行情况。结合H高校政府采购活动中的实际情况，H高校政府采购业务内部控制的主要风险点，见表4-4：

表 4-4　　　　　H 高校政府采购业务主要风险点

环节	风险点	风险描述
计划申报与审批	1. 制定采购预算 2. 编制采购需求 3. 审批采购项目	1. 未严格按国家及学校的预算制度编制采购预算 2. 采购申请人未按照实际需求进行采购计划申报，而按经费指标范围申报 3. 审批负责人对项目了解度不够
采购内容评估	1. 确定采购方式 2. 编制和审核采购文件	1. 采购方式选择不合理，未严格按章程进行最优选择 2. 采购文件不完整、未严格执行文件审批程序
采购实施	1. 发布采购招标公告 2. 招标、谈判工作程序 3. 签订采购合同	1. 招标公告信息公开度不够 2. 对供应商资格审查不到位以及评标过程不公正 3. 未按相关程序流程签订合同，合同内含不合理条款
验收与支付	1. 采购项目验收 2. 采购项目支付	1. 采购验收标准不够明确，验收程序不够合规 2. 采购支付程序不够合规，支付申请材料不够完善
档案管理	采购档案管理	采购文件内容缺失

H 高校虽设有纪检监察处负责对学校招标采购活动进行监督检查，以此把控风险，但由于 H 高校尚未设立专门的政府采购风险评估部门，无法及时规避新增风险以及提出应对措施，很可能会造成极大的采购失误。

三、内部控制活动现状

H 高校招标采购管理工作主要有以下环节：招标采购计划及审批、

采购执行、合同签订备案、采购验收、采购支付。

(一) 招标采购计划申报及审批

H高校根据"应编尽编"原则,强化采购预算编制,招投标采购中心于每年年末按要求编制下一年度采购预算,其中政府采购预算报省教育厅、财政厅审批。采购预算应细化列出采购项目、采购品目和资金预算,不得随意追加、调整采购预算,不得无预算采购或超预算、超标准采购。采购预算编制,由教务处、科学研究院、计划财务处、审计处、资产设备管理处、后勤基建处、信息中心等部门根据职责分工,共同完成。相关部门要做好相应的衔接工作,确保预算编制及时、准确、合理。

招标采购计划审签流程主要按政府采购限额为标准进行分类处理,在政府采购限额标准以下的项目由项目负责人、项目单位行政负责人、经费归口管理部门(单位)负责人、分管校领导签字;在政府采购限额标准以上的项目,由项目负责人、项目单位行政负责人、经费归口部门(单位)负责人、分管校领导和校长签字;特殊情况下,若由学校校长办公会通过的项目,立项时经费归口部门(单位)负责人签明经费来源,无需其他领导重复签字;原则上无预算不采购,确有紧急项目需无预算采购的,采购计划上需有分管校领导、分管财务的校领导和校长签字。H高校政府招标采购计划审批流程如图4-4所示。

(二) 采购执行流程

1. 启动招标

立项需求部门根据学校采购经济活动的相关规定,负责采购项目的申报立项和经费落实,在提出采购项目的立项申请前,需成立由3人及以上人员组成的调研小组,对包括项目使用单位和不少于3家供应商的情况进行调研并撰写《市场调研报告》,经调研小组成员和部门负责人

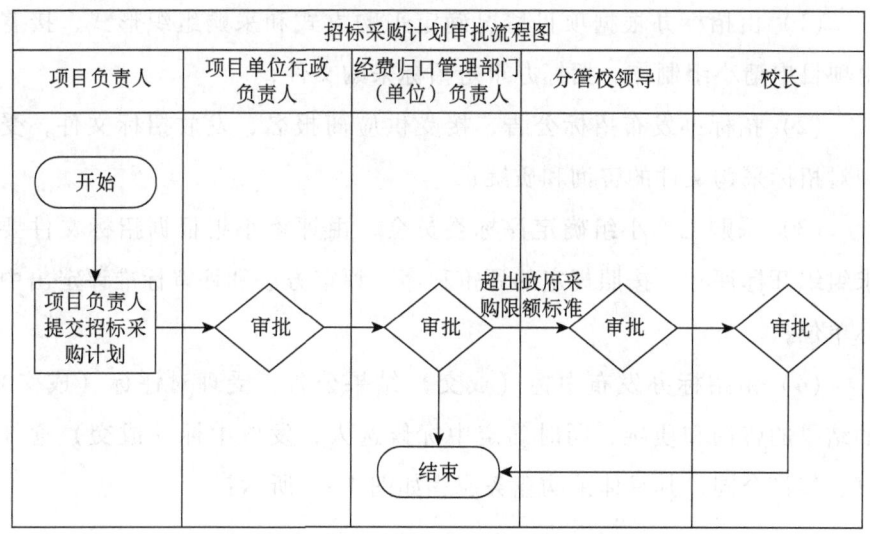

图 4-4　H 高校政府招标采购计划审批流程图

在调研报告签字后作为采购项目《立项申请》的附件提交。拟编制工程量清单和最高限价的工程项目可不提供《市场调研报告》。采购项目已纳入当年预算的，由需求部门提出采购项目的《立项申请》，并按照学校文件规定的审批权限进行审批。采购项目《立项申请》通过后，由需求部门填写《工程项目及大宗物资采购立项申请表》并选择拟采用的采购招标方式，经招标办工作人员审核通过，按要求发起会签审核手续。会签审核应同时抄送招标办相关工作人员。

2. 采购过程

学校采购计划，由招投标采购中心根据项目情况，采用公开招标、邀请招标、竞争性谈判、竞争性磋商、单一来源、询价、电子卖场、合作创新采购以及国务院政府采购监督管理部门认定的其他采购方式[102]。公开招标采购是学校采购的主要方式，预算达到财政部门公布的公开招标数额标准的货物、服务或者工程采购项目，原则上采用公开招标方式采购。学校任何部门不得将应当以公开招标方式采购的项目化整为零规避公开招标采购。具体采购过程为：

91

（1）由招标办根据项目情况确定采购方式和采购组织形式，接着由项目申请小组制作、招标办审定招标采购文件；

（2）招标办发布招标公告，接受供应商报名，发放招标文件，受理对招标采购文件的咨询和质疑；

（3）采购工作小组确定评标委员会，由评审小组根据招标文件要求组织开标评标，按照规定的评审程序、评审方法和评审标准评定出中标单位；

（4）由招标办发布中标（成交）结果公告，受理对评标（成交）的结果的咨询和质疑，同时确定中标候选人，发放中标（成交）通知书，签订合同，其具体采购业务流程如图4-5所示：

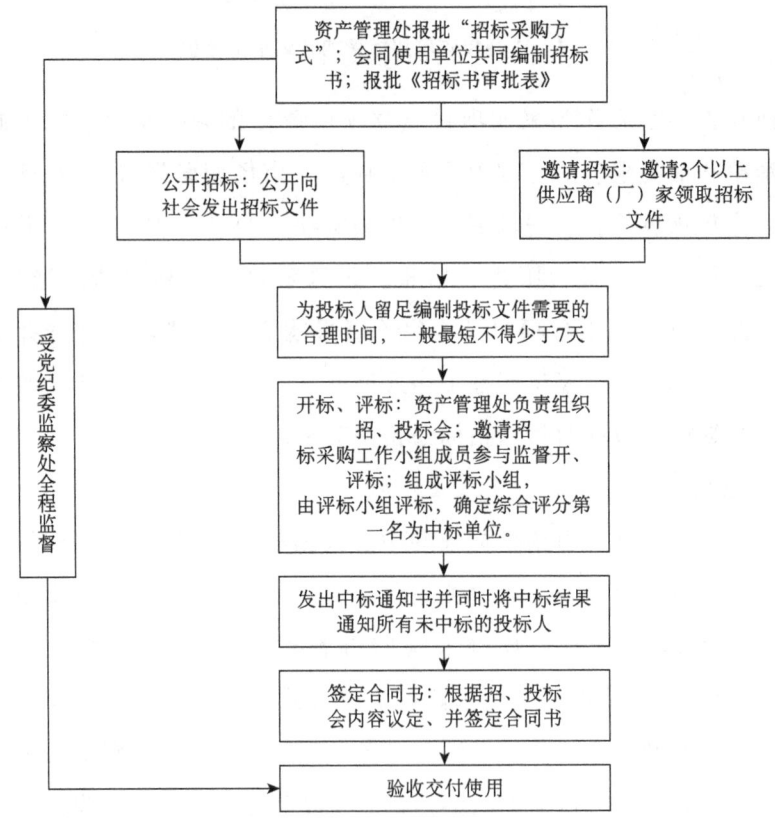

图4-5　采购流程图

3. 项目验收、结算支付与资料整理归档

在项目竣工时由基建处、国资处按相关规定和程序组织项目验收。

（1）检查核对：合同签订后，各相关资产管理二级单位到资产管理处领取验收文件，合同、投（招）标书、样品。在仪器设备或其他货品到货后，资产管理二级单位负责现场开箱，并对照合同核对品牌、型号（规格）、数量与外包装是否完整和是否原包装，不符合合同要求的当场退回更换；装箱资料（合格证、使用说明书、装箱单等）是否完整，对照装箱单检查配件是否齐全，登记在册如有出入当场指出并签字确认；如确有变更（品牌、型号、规格、数量减少）事项，由商家书面申请，经校方同意签字后方可签收。

（2）安装调试：在厂（商）家安装调试过程中，使用（管理）单位派专人进行监督和配合，并针对合同、投（招）标书的要求，核对配置，发现问题及时提出并整改，之后进行安装调试、试运行，各项技术指标、性能稳定后，管理单位要及时组织进行使用培训。各使用人员能正常、独立操作设备后，安排技术负责人对设备各项技术指标、性能进行测试，并当场如实登记测试时间、测试人、测试方法、手段、内容、数据、结果及结论等情况。

（3）预验收并登记信息：在管理单位预验收合格后，到资产管理处领取相关验收表格，认真如实填写，如有变更内容，按实际到货情况填写，同时领取仪器设备条形码、维修信息标签并粘贴。

（4）正式验收：首先，管理单位负责人向资产管理处提出学校验收，商定学校验收时间、地点；其次，通知相关管理、使用、验收人员到场，资产管理处负责组织学校验收现场会（项目负责人、技术验收负责人、主要使用老师、资产管理负责人、资产管理员参加），听取管理单位（项目负责人和技术验收负责人）预验收情况，抽查部分仪器设备进行核对；最后，所有参与验收人员在相关表格签署验收意见，资产管理员签验收、领用单据。

(5) 结算支付：验收合格后，进入合同结算、报账程序。

(6) 资料存档：以上环节进行后，所有验收合格表格存资产管理处。

具体的验收流程如图4-6所示：

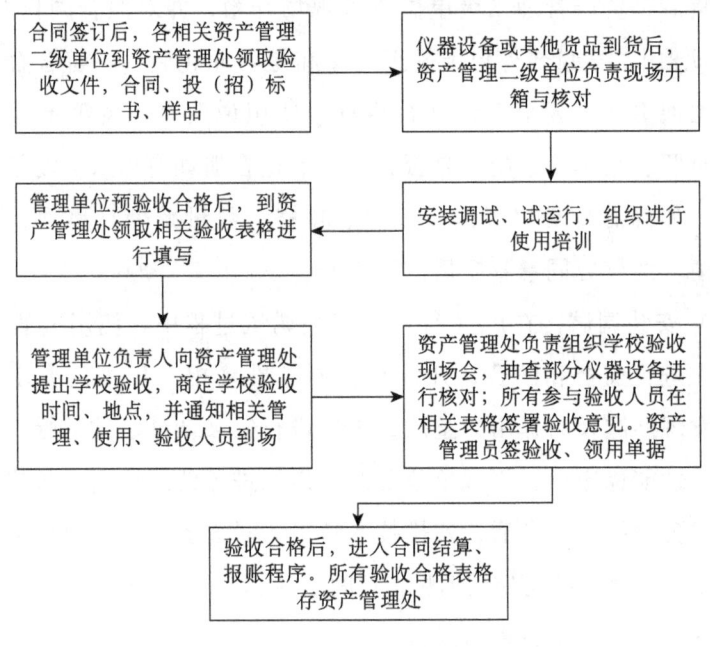

图4-6 验收流程图

四、信息与沟通现状

在内部控制信息系统的建设方面，H高校设置了信息技术中心，该部门的主要职责是统筹规划本校的信息化建设工作，制定信息系统管理的相关规范，日常维护校内各系统的信息安全与完整。在信息公开方面，H高校依据《高等学校信息公开办法》，并结合学校具体情况制定了《H学院信息公开实施办法》《H学院党务公开办法》《H学院财务信息公开办法》，加强信息公开工作规范性、科学性，开设了学校的信息公开网,设置了"通知公告""主动公开""信息公开制度"等模块,主要通过此渠道公布学校重要工作、规章制度,对外发布学校重要招标公告、公示等。学校每年的仪器设备、图书等物资设备采购和重大基建工程的招投标都会在学校信息公开网、资产设备管理处平台上公示。以H高校科研楼入驻平台常规搬迁项目公示为例,公布了该项目的邀请招标公告、公开招标公告、中标信息公告,其中招标公告中涵盖了项目采购预算、采购方式、采购项目内容与数量、投标供应商资格要求、相应的时间地点和负责人联系方式等具体信息,但通知公告公示信息中缺少合同公示及验收等相关后期内容。

五、采购监督现状

H高校针对政府采购业务的内部控制监督工作并未设置专门的督查小组,而是主要由纪检监察处负责进行监督检查,由项目申请单位、项目经费管理部门、审计处等部门和群众进行协助监督。

H高校政府采购业务内部控制监督职能划分见表4-5:

表4-5　　H高校政府采购业务内部控制监督职能划分

部门	监督职能
纪检监察处	1. 守法尊规的执行情况 2. 采购范围、方式、程序的执行情况 3. 采购合同的执行情况
项目申请单位	1. 监督管理本单位权限内采购活动行为 2. 配合处理与采购活动相关的质疑、投诉和举报
项目经费管理部门	1. 监督合同的审定和履行 2. 参与或组织项目验收工作
审计处	对招标采购活动进行审计监督

按校内相应规章制度，为了降低采购业务相关风险，H 高校针对政府采购业务的监督检查活动规定：

（1）招标办工作人员应当具有符合岗位任职要求相关职业素质和专业技能。学校应加强对招标采购工作人员的教育和培训；对招标采购工作人员的专业水平、工作实绩和职业道德状况定期进行考核，经考核不合格的工作人员不得继续任职。

（2）在学校招标采购活动中，采购人员及相关人员与供应商有利害关系的人员必须回避。供应商认为采购人员及相关人员与其他供应商有利害关系的人员可以申请其回避（所谓相关人员，包括招标采购中评标委员会的组成人员，竞争性谈判、竞争性磋商采购中谈判小组的组成人员，询价采购中询价小组的组成人员等）。

（3）学校招标采购活动必须遵守国家的法律法规和学校的有关规章制度。

（4）任何单位和个人均有权对学校在招标采购活动中的违规违法行为进行投诉、检举和控告，纪检监察处应及时处理各种违法违纪行为。

H 高校的政府采购业务监督活动主要是对相应规章制度执行情况以及采购合同执行情况的监督，而对于采购效率、采购质量等因素都未进行有效监督。此外，H 高校的政府采购业务并未设立一个独立于其他业务活动的监督部门，而是与其他业务活动同属于纪检监察处进行监督，这也可能导致 H 高校政府采购流程存在监督不到位的风险。

第五章

H 高校政府采购内部控制有效性评价分析

高校通过对政府采购内部控制的评估分析，可以识别潜在的风险和问题，并采取相应的措施来减轻风险和解决问题，从而确保高校政府采购的运行符合法律法规要求，提高组织资产运营效率和业务绩效[103]。因此，高校政府采购内部控制评估能评估和提升组织的内部控制体系的有效性和可靠性。为了能够更加科学、直观地评价H高校政府采购内部控制活动，本书参考曲京山等（2022）的研究方法，将层次分析法与模糊综合评价法有机结合，建立政府采购内部控制评价指标体系，采用层次分析法确定各指标权重，模糊综合评价法确定评价指标综合得分[104]，在一定程度上削弱评价主观性，提高评估结果的客观性与准确性，以及时发现政府采购内部控制制度中存在的缺陷，为H高校优化健全内控制度提供参考。

第一节　高校政府采购内部控制评价指标体系构建

一、评价指标体系选取原则

（一）全面性原则

由于高校政府采购内部控制活动受多种因素的影响，忽略了任何一个因素都很有可能对评价结果造成影响，因此若要提高评价结果的准确性，就必须建立一个能够覆盖政府采购活动的全部信息的内部控制评价体系，从单位和业务两个层面入手，选取涵盖高校政府采购业务活动的全过程内部控制指标，保证评价指标体系选取的全面性。

(二) 重要性原则

就是在选取评价指标时,要着重选取与政府采购内部控制活动中的重要环节及事项、高风险点等能够准确代表内部控制活动中的关键环节相关指标,使选取的指标在确保构建高校政府采购内部控制的评价指标体系时,具有高度的代表性与重要性。

(三) 适应性原则

在构建高校政府采购内部控制评价指标体系时,需要考虑评价指标与高校政府采购的规模、风险水平、学校管理维护能力等要素相匹配,应选取能够真实反映高校政府采购单位与采购环节中内部控制真实情况的有效指标,并对评价指标定期进行维护,切实保障评价结果的有效性与适应性[105]。

(四) 可操作性原则

可操作性原则就是所构建的评价指标体系能否真实反映了高校政府采购业务内部控制的情况,能够让监督人员更方便、准确地评价内部控制情况,能使评价结果更加真实可靠。因此,在选择评价指标时,要力求容易获取、简单易懂、具有较强的可操作性,这样有助于准确无误的判断高校政府采购内部控制的现实情况,提升评价结果的准确性,实现评价的目的[106]。

(五) 成本效益原则

进行内部控制评价是有成本的,在评价指标的设置上,应注意评价工作的"性价比",至少保证评价的收益大于评价的成本,因此评价指标应充分结合评价事项预期出现例外事项的概率和预期造成的损失,根据评估结果,合理设置评价指标。

二、评价指标体系构建依据

（一）依据现有的相关法律法规

《行政事业单位内部控制规范（试行）》是构建适用于高校政府采购业务内部控制评价指标体系的主要法律法规，《行政事业单位内部控制基础性评价指标评分表》《关于全面推进行政事业单位内部控制建设的指导意见》《教育部直属高校经济活动内部控制指南（试行）》及《中华人民共和国采购法》等政策性文件，是构建适用于高校政府采购业务内部控制评价指标体系的辅助分析的法律法规。

（二）依据已有的研究成果

深入研读有关高校政府采购、高校政府采购内部控制以及高校政府采购内部控制评价的相关文献，归纳总结高校政府采购内部控制评价研究的现状，提出构建高校政府采购内部控制评价指标体系必须遵循的原则，然后针对现有文献中的不足，设计新的评价指标，使得构建的评价体系更具有先进性。

（三）依据调查问卷调研的结果

首先通过研究相关法律法规和现有的研究成果，初步设计好高校政府采购业务内部控制评价指标体系，其次通过访谈的形式，向熟悉 H 高校政府采购内部控制情况的专家和业界人士征求意见，修改好高校政府采购内部控制评价指标并完成最后调查问卷表。最后通过问卷调查，请熟悉 H 高校政府采购内部控制情况的校内外专家打分，以确定评价体系中各项指标的权重。

三、评价指标体系构建

在构建 H 高校政府采购内部控制评价指标体系时,本书借鉴了中国公司治理指数分层处理方法,将《企业内部控制评价指引》中的内部控制五要素作为一级评价指标[107];二级和三级具体评价指标的确定,是在充分考虑了 H 高校政府采购内部控制的现实情况,参考了财政部 2012 年印发的《行政事业单位内部控制规范(试行)》基础上确定的。在编制政府采购内部控制影响因素调查问卷时,我们对政府采购内部控制影响因素分三个层次依次进行了指标体系设计。其中一级指标为目标层,选取了控制环境、风险评估、控制活动、信息与沟通、内部监督五个一级指标,并以 C1 - C5 进行标注,二级指标为准则层,选取 17 项指标构建,三级指标为方案层,是二级指标体系的内涵,H 高校政府采购内部控制评价指标体系及其内涵见表 5 - 1。

表 5 - 1　　H 高校政府采购内部控制评价指标体系及说明

一级指标	二级指标	三级指标(指标内涵)
控制环境 C1	组织架构 C11	是否具有专项高校政府采购组织机构,能控制各项业务关键控制环节,不存在冗余的部门
	职责分工 C12	是否按不相容原则将职务分配给不同的人或部门来执行,形成相互关联、制约业务机制[108]
	业务流程 C13	是否具有完善的政府采购内部控制基本业务流程
	管理制度 C14	是否制定了政府采购内部控制管理制度、内容的完善程度、持续修订改进程度
风险评估 C2	风险识别 C21	是否成立风险评估工作小组,能够定期开展风险评估工作并出具书面评估报告[109]
	风险防范 C22	在面对潜在风险时,是否针对不同风险制定应对方案

续表

一级指标	二级指标	三级指标（指标内涵）
控制活动 C3	预算与计划 C31	采购预算编制动员是否充分、时间是否充足、数据是否精确、方法是否合理，并根据实际需求制定采购计划
	采购与招标 C32	是否具有规范的采购方式、流程与评标程序
	合同签订 C33	是否合理设计与审查合同内容，规范合同签订流程[110]
	验收程序 C34	验收手续是否齐全、标准，付款流程是否做到合法合规
	档案管理 C35	是否能够规范记录采购内容，妥善保管相关采购文件
信息与沟通 C4	信息系统 C41	是否具有功能齐全的政府采购信息系统，是否加强了信息系统技术层面的控制，能保证信息系统安全稳定运行[111]
	信息公开 C42	能否及时的更新与披露采购信息，披露内容是否详尽
	沟通协调 C43	政府采购部门与财务、审计等部门之间的沟通是否有效；员工诉求是否有顺畅的反映渠道
内部监督 C5	自我评定 C51	能否定期进行自我评价，合理分析政府采购内部控制中存在的问题及原因，并积极采取整改措施
	质疑与投诉 C52	是否能够及时回复解决关于政府采购方面的质疑与投诉
	监督检查 C53	是否能够积极提供政府采购文件并接受监督检查

第二节　H 高校政府采购内部控制有效性的模糊综合评价

模糊综合评价法是一套模糊集合和弹性推理理论，由来自美国加州大学（UC）的系统学权威教授 Chard 开发而成。它通过建立从属函数，对判断复杂问题效果较好的多因素、多层次的模糊对象，由定性分析转化为定量分析[112]。H 高校政府采购内部控制,由于受多种因素影响,适合采用模糊综合评价法进行综合评价。

一、确定各层指标中的权重

层次分析法是 20 世纪 70 年代由美国运筹学家、匹兹堡大学教授 T. L. Saaty 创立而成的一种结合了人类决策时的分解、判断、综合基本步骤的综合评价方法[113]。由于这种方法能在一定程度上减少决策者的主观性,比较适合复杂问题的分解过程。本书以表 5 – 1:H 高校政府采购业务内部控制评价指标体系为基础,设计调查问卷表,邀请高校相关领域的专家对高校政府采购内部控制各个评价指标的重要性进行两两比较、打分,从而构造出两两比较判断矩阵,计算并确定各级指标权重[114],采用层次分析法量化评价指标之间的影响关系。

(一)指标之间重要性比较原则

为了更加直观的看出 H 高校政府采购内部控制评价体系中各指标间重要性程度的差异,本书采用 Saaty 相对重要性等级表进行评价,即采用 1 – 9 及其倒数 1/3、1/5、1/7 等为分值标准,对比较结果赋予具体数字进行量化,从而得到量化的判断矩阵 $C = (a_{ij})_{m \times n}$。具体 Saaty 相对重要性等级及其赋值[115]见表 5 – 2。

表 5 – 2　　　　　Saaty 相对重要性等级及其赋值

分值标准	重要性含义
1	i 元素与 j 元素具有同等重要性
3	i 元素比 j 元素稍微重要
5	i 元素比 j 元素明显重要
7	i 元素比 j 元素强烈重要
9	i 元素比 j 元素极端重要

续表

分值标准	重要性含义
1/3	i元素比j元素稍微不重要
1/5	i元素比j元素明显不重要
1/7	i元素比j元素强烈不重要
1/9	i元素比j元素极端不重要
2,4,6,8、1/2,1/4,1/6,1/8	表示上述相邻判断的中间值,重要程度介于两者之间

(二) 构建各层级指标间的两两判断矩阵

为了保证调查结果的真实可靠,该调查问卷在实施时,需要被调查者具有一定的专业知识,被调查者需要具备政府采购业务的实践经验或从事相关领域的理论研究,所以本书的调查采用专家打分法,以发放问卷的方式向调查对象了解各指标的重要程度,问卷共发放20份,回收20份,回收率100%,确定为调查对象的专家包括分管校领导、招标办公室、审计处、财务处主要负责人以及学术专家以及实务专家等。

为了降低专家打分的主观性,本书将专家评分结果去掉最高分与最低分,以选取相对公平的评分值进行汇总来确定指标相对重要性程度,进而构建两两判断矩阵,具体各级指标间的两两判断矩阵见表5-3至表5-8。

表5-3　　　　一级指标间的两两判断矩阵

一级指标	控制环境C1	风险评估C2	控制活动C3	信息与沟通C4	监督C5
控制环境C1	1	1	1	1	3
风险评估C2	1	1	3	1	3
控制活动C3	1	1/3	1	1	3
信息与沟通C4	1	1	1	1	3
监督C5	1/3	1/3	1/3	1/3	1

表 5-4　二级指标控制环境 C1 间的两两判断矩阵

控制环境 C1	组织架构 C11	职责分工 C12	业务流程 C13	管理制度 C14
组织架构 C11	1	1	2	1
职责分工 C12	1	1	1	1
业务流程 C13	1/2	1	1	1
管理制度 C14	1	1	1	1

表 5-5　二级指标风险评估 C2 间的两两判断矩阵

风险评估 C2	风险识别 C21	风险防范 C22
风险识别 C21	1	1
风险防范 C22	1	1

表 5-6　二级指标控制活动 C3 间的两两判断矩阵

控制活动 C3	预算方案 C31	招标采购 C32	合同签订 C33	验收程序 C34	档案管理 C35
预算方案 C31	1	1	1	1	1
招标采购 C32	1	1	1	1	3
合同签订 C33	1	1	1	1	2
验收程序 C34	1	1	1	1	5
档案管理 C35	1	1/3	1/2	1/5	1

表 5-7　二级指标信息与沟通 C4 间的两两判断矩阵

信息与沟通 C4	信息系统 C41	信息公开与披露 C42	沟通协调机制 C43
信息系统 C41	1	2	3
信息公开与披露 C42	1/2	1	1
沟通协调 C43	1/3	1	1

表 5-8　二级指标内部监督 C5 间的两两判断矩阵

内部监督 C5	自我评定 C51	质疑与投诉 C52	监督检查 C53
自我评定 C51	1	3	3
质疑与投诉 C52	1/3	1	2
监督检查 C53	1/3	1/2	1

(三) 计算各级指标权重值与一致性检验

由于各级指标对高校政府采购内部控制效果的影响程度不同，为了更加科学的评价 H 高校政府采购内部控制体系，以及精准的发现其中现存的缺陷，需根据指标间的两两判断矩阵并结合特征根法确定各指标所占权重，以掌握各指标对 H 高校政府采购内部控制整体执行效果的影响情况。同时，由于指标间的两两判断矩阵是通过专家打分得来，具有一定的主观性，可能会导致有矛盾的结果出现，多个指标相对重要性可能会存在偏差，比如当指标 A、B 相对重要性比值为 2∶1，指标 A、C 相对重要性比值为 3∶1，可以得出指标 B 应该比指标 C 重要，但如果判断矩阵中指标 B、C 的相对重要值为 1∶3，则说明该矩阵存在不合理现象。为确保判断矩阵的合理性，需使用一致性指标 CI 来判断所构建的判断矩阵是否存在逻辑错误，若一致性检验不通过，则需重新构建两两判断矩阵[116]。计算指标权重的步骤如下所示：

第一步，确定各级评价指标的权重值。采用特征根法计算最大特征根 λ_{max}，即 $\lambda_{max} = \frac{1}{n} \sum_{i=1}^{n} \frac{(CW)_i}{W_i}$，与特征向量 W_i，即 $\overline{W_i} = \sqrt[n]{\prod_{j=1}^{n} a_{ij}}$，将特征向量进行归一化处理，即 $W_i = \frac{\overline{w_i}}{\sum_{i=1}^{n} \overline{w_i}}$，得到一级指标与二级指标的权重值。

第二步，一致性检验。首先计算一致性指标 $C.I.$ 值，即 $C.I. = \frac{\lambda_{max} - n}{n - 1}$。当 $C.I. = 0$ 时判断矩阵具有完全一致性；$C.I.$ 值越接近 0 时，判断矩阵有较为满意的一致性；$C.I.$ 值越大，判断矩阵不一致性越严重；其次，为了衡量 $C.I.$ 值的大小，引入平均随机一致性指标 $R.I.$，对于矩阵阶数 $n = 1, 2, 3, \cdots, n$ 来说，$R.I.$ 值可通过查找 Saaty 模拟 1000 次得到的随机一致性指标 $R.I.$ 取值表可得知，取值表见表 5－9。

最后,将 $C.I.$ 值与 $R.I.$ 值代入一致性比率的公式 $C.R. = \dfrac{C.I.}{R.I.}$,可得到一致性比率 $C.R.$ 值。一般而言,当一致性比率 $C.R. < 0.1$ 时,认为指标两两判断矩阵的不一致程度在容许的范围之内,有满意的一致性,可通过一致性检验,可用归一化特征向量作为评价指标权重。

表 5-9　　　　　　　随机一致性指标 $R.I.$

矩阵阶数 n	1	2	3	4	5	6	7	8	9	10	11
$R.I.$ 值	0	0	0.58	0.90	1.12	1.24	1.32	1.41	1.45	1.49	1.51

各指标的权重值与一致性检验结果见表 5-10 至表 5-15:

表 5-10　　　　　一级指标间的两两判断矩阵权重值

一级指标	控制环境 C1	风险评估 C2	控制活动 C3	信息与沟通 C4	监督 C5	权重 W
控制环境 C1	1	1	1	1	3	22.82%
风险评估 C2	1	1	3	1	3	28.43%
控制活动 C3	1	1/3	1	1	3	18.32%
信息与沟通 C4	1	1	1	1	3	22.82%
监督 C5	1/3	1/3	1/3	1/3	1	7.61%

根据公式计算可得,$\lambda_{max} = 5.151$,$C.R. = 0.034$,一致性检验通过。

表 5-11　　　二级指标控制环境 C1 间的两两判断矩阵权重值

控制环境 C1	组织架构 C11	职责分工 C12	业务流程 C13	管理制度 C14	权重 W
组织架构 C11	1	1	2	1	29.51%
职责分工 C12	1	1	1	1	24.81%
业务流程 C13	1/2	1	1	1	20.87%
管理制度 C14	1	1	1	1	24.81%

根据公式计算可得,$\lambda_{max} = 4.061$,$C.R. = 0.023$,一致性检验通过。

表 5 – 12　　二级指标风险评估 C2 间的两两判断矩阵权重值

风险评估 C2	风险识别 C21	风险防范 C22	权重 W
风险识别 C21	1	1	50%
风险防范 C22	1	1	50%

根据公式计算可得，$\lambda_{max}=2$，$C.R.=0$，一致性检验通过。

表 5 – 13　　二级指标控制活动 C3 间的两两判断矩阵权重值

控制活动 C3	预算方案 C31	招标采购 C32	合同签订 C33	验收程序 C34	档案管理 C35	权重 W
预算方案 C31	1	1	1	1	1	18.94%
招标采购 C32	1	1	1	1	3	23.59%
合同签订 C33	1	1	1	1	2	21.75%
验收程序 C34	1	1	1	1	5	26.13%
档案管理 C35	1	1/3	1/2	1/5	1	9.59%

根据公式计算可得，$\lambda_{max}=5.233$，$C.R.=0.052$，一致性检验通过。

表 5 – 14　　二级指标信息与沟通 C4 间的两两判断矩阵权重值

信息与沟通 C4	信息系统 C41	信息公开与披露 C42	沟通协调机制 C43	权重 W
信息系统 C41	1	2	3	55%
信息公开与披露 C42	1/2	1	1	24.02%
沟通协调 C43	1/3	1	1	20.98%

根据公式计算可得，$\lambda_{max}=3.018$，$C.R.=0.017$，一致性检验通过。

表 5 – 15　　二级指标内部监督 C5 间的两两判断矩阵权重值

内部监督 C5	自我评定 C51	质疑与投诉 C52	监督检查 C53	权重 W
自我评定 C51	1	3	3	59.36%
质疑与投诉 C52	1/3	1	2	24.93%
监督检查 C53	1/3	1/2	1	15.71%

根据公式计算可得，$\lambda_{max}=3.054$，$C.R.=0.051$，一致性检验通过。

(四) 整理汇总评价指标权重

将上述一级指标与二级指标的权重值进行汇总后见表 5 - 16。

表 5 - 16　　　　　　　　指标权重结果汇总表

一级指标	权重	二级指标	权重 W
控制环境 C1	22.82%	组织架构 C11	29.51%
		职责分工 C12	24.81%
		业务流程 C13	20.87%
		管理制度 C14	24.81%
风险评估 C2	28.43%	风险识别 C21	50%
		风险防范 C22	50%
控制活动 C3	18.32%	预算方案 C31	18.94%
		招标采购 C32	23.59%
		合同签订 C33	21.75%
		验收程序 C34	26.13%
		档案管理 C35	9.59%
信息与沟通 C4	22.82%	信息系统 C41	55%
		信息公开与披露 C42	24.02%
		沟通协调 C43	20.98%
内部监督 C5	7.61%	自我评定 C51	59.36%
		质疑与投诉 C52	24.93%
		监督检查 C53	15.71%

根据表 5 - 16 得出:

一级指标权重值为: W = [0.2282, 0.2843, 0.1832, 0.2282, 0.0761];

二级指标控制环境权重值为: W1 = [29.51, 24.81, 20.87, 24.81];

二级指标风险评估权重值为: W2 = [0.5, 0.5];

二级指标控制活动权重值为: W3 = [0.1894, 0.2359, 0.2175, 0.2613, 0.0959];

二级指标信息与沟通权重值为：W4 = ［0.5500，0.2402，0.2098］；

二级指标内部监督权重值为：W5 = ［0.5936，0.2493，0.1571］。

二、H 高校政府采购内部控制有效性的模糊综合评价

（一）建立评语集

各级评价指标体系在具体使用时，仅仅依靠各级评价指标权重还不能确定内部控制有效性水平的高低，还需要结合专家打分的方法来进行。本书将邀请相关专家结合 H 高校实际情况，分别对各二级指标进行打分，打分标准为百分制。二级指标的评价等级分为 V = (V_1, V_2, V_3, V_4, V_5) = (很好, 较好, 一般, 较差, 很差)[117]。即专家据各二级单位政府采购业务内部控制的实际情况对二级评价指标分别给出很好、较好、一般、较差、很差的评价。评价值的具体划分标准见表 5-17。

表 5-17　　　　　　　　指标评价等级

区间	区间中值	评价等级
［90，100］	95	很好
［80，90）	85	较好
［70，80）	75	一般
［60，70）	65	较差
［0，60）	30	很差

（二）计算指标隶属度

本书在专家调查问卷表设计中，将 H 高校政府采购内部控制有效性评价指标的 17 个二级指标设置为问卷表中的 17 道题目，每道题目有效性评价答案设置为五个等级，根据被调查者对 H 高校政府采购内部

控制运行情况的了解程度，对 H 高校采购业务内部控制运行进行有效性评价，内部控制运行有效性评价指标评语的频数即为"隶属次数"，该隶属次数与调查总数的比值即为隶属度。

高校政府采购内部控制业务，专业性较强，对采购工作人员业务水平要求高，由于 H 高校专业从事该项业务的工作人员数量有限，因此，问卷调查在实施时，样本数量受到了一定条件的限制。所以，本次问卷调查主要向 H 高校审计部门、财务部门、招投标管理部门等与政府采购相关的部门进行发放，共发出 25 份，最终有效回收 20 份。

（1）将专家打分情况进行统计，统计结果见表 5-18。

表 5-18　　　　　　　专家打分汇总表

一级指标	二级指标	很好	较好	一般	较差	很差
控制环境 C1	组织架构 C11	13	6	1	0	0
	职责分工 C12	10	8	2	0	0
	采购流程 C13	10	8	2	0	0
	管理制度 C14	6	12	2	0	0
风险评估 C2	风险识别 C21	4	7	9	0	0
	风险防范 C22	4	9	4	3	0
控制活动 C3	预算方案 C31	4	13	3	0	0
	招标采购 C32	9	9	2	0	0
	合同签订 C33	4	13	3	0	0
	验收程序 C34	4	12	4	0	0
	档案管理 C35	6	10	4	0	0
信息与沟通 C4	信息系统 C41	5	9	3	3	0
	信息公开与披露 C42	5	12	3	0	0
	沟通协调 C43	5	11	4	0	0
内部监督 C5	自我评定 C51	3	5	9	3	0
	质疑与投诉 C52	4	9	4	3	0
	监督检查 C53	4	7	7	2	0

（2）根据专家打分汇总表，可计算出专家打分的各评价指标隶属度，专家打分隶属度汇总表见表 5–19。

表 5–19　　　　　　　　　专家打分隶属度汇总表

一级指标	二级指标	很好	较好	一般	较差	很差
控制环境 C1	组织架构 C11	0.65	0.3	0.05	0	0
	责任分工 C12	0.5	0.4	0.1	0	0
	业务流程 C13	0.5	0.4	0.1	0	0
	管理制度 C14	0.3	0.6	0.1	0	0
风险评估 C2	风险识别 C21	0.2	0.35	0.45	0	0
	风险防范 C22	0.2	0.45	0.2	0.15	0
控制活动 C3	预算方案 C31	0.2	0.65	0.15	0	0
	招标采购 C32	0.45	0.45	0.1	0	0
	合同签订 C33	0.2	0.65	0.15	0	0
	验收程序 C34	0.2	0.6	0.2	0	0
	档案管理 C35	0.3	0.5	0.2	0	0
信息与沟通 C4	信息系统 C41	0.25	0.45	0.15	0.15	0
	信息公开与披露 C42	0.25	0.6	0.15	0	0
	沟通协调 C43	0.25	0.55	0.2	0	0
内部监督 C5	自我评定 C51	0.15	0.25	0.45	0.15	0
	质疑与投诉 C52	0.2	0.45	0.2	0.15	0
	监督检查 C53	0.2	0.35	0.35	0.1	0

根据专家打分隶属度汇总表，可得二级指标的模糊评价隶属度 R_i（i = 1，2，…，5），如下所示：

$$R_1 = \begin{bmatrix} 0.65 & 0.3 & 0.05 & 0 & 0 \\ 0.5 & 0.4 & 0.1 & 0 & 0 \\ 0.5 & 0.4 & 0.1 & 0 & 0 \\ 0.3 & 0.6 & 0.1 & 0 & 0 \end{bmatrix}$$

$$R_2 = \begin{bmatrix} 0.2 & 0.35 & 0.45 & 0 & 0 \\ 0.2 & 0.45 & 0.2 & 0.15 & 0 \end{bmatrix}$$

$$R_3 = \begin{bmatrix} 0.2 & 0.65 & 0.15 & 0 & 0 \\ 0.45 & 0.45 & 0.1 & 0 & 0 \\ 0.2 & 0.65 & 0.15 & 0 & 0 \\ 0.2 & 0.6 & 0.2 & 0 & 0 \\ 0.3 & 0.5 & 0.2 & 0 & 0 \end{bmatrix}$$

$$R_4 = \begin{bmatrix} 0.25 & 0.45 & 0.15 & 0.15 & 0 \\ 0.25 & 0.6 & 0.15 & 0 & 0 \\ 0.25 & 0.55 & 0.2 & 0 & 0 \end{bmatrix}$$

$$R_5 = \begin{bmatrix} 0.15 & 0.25 & 0.45 & 0.15 & 0 \\ 0.2 & 0.45 & 0.2 & 0.15 & 0 \\ 0.2 & 0.35 & 0.35 & 0.1 & 0 \end{bmatrix}$$

（三）进行模糊综合评价

1. 计算各二级指标模糊评分

二级指标评价结果可由二级指标隶属度与评语集直接相乘获得，二级指标评价结果见表5-20。

表5-20　　　　　二级指标评价情况汇总表

一级指标	二级指标	整体评分	评价结果
控制环境C1	组织架构C11	91	很好
	责任分工C12	89	较好
	业务流程C13	89	较好
	管理制度C14	87	较好
风险评估C2	风险识别C21	82.5	较好
	风险防范C22	82	较好
控制活动C3	预算方案C31	85.5	较好
	招标采购C32	88.5	较好
	合同签订C33	85.5	较好
	验收程序C34	85	较好
	档案管理C35	86	较好

续表

一级指标	二级指标	整体评分	评价结果
信息与沟通 C4	信息系统 C41	83	较好
	信息公开与披露 C42	86	较好
	沟通协调 C43	85.5	较好
内部监督 C5	自我评定 C51	79	一般
	质疑与投诉 C52	72.25	一般
	监督检查 C53	81.5	较好

2. 计算一级指标矩阵 C_i ($i=1, 2, \cdots, 5$)

通过模糊矩阵乘法计算，将二级指标权重集合 W_i 与判断矩阵 R_i 进行模糊运算，即：$C_i = W_i \times R_i$，得出一级指标模糊综合矩阵[118]。

$C_1 = W_1 \times R_1 = [29.51, 24.81, 20.87, 24.81] \times$

$\begin{bmatrix} 0.65 & 0.3 & 0.05 & 0 & 0 \\ 0.5 & 0.4 & 0.1 & 0 & 0 \\ 0.5 & 0.4 & 0.1 & 0 & 0 \\ 0.3 & 0.6 & 0.1 & 0 & 0 \end{bmatrix} = [0.4946, 0.4201, 0.0852, 0, 0]$

$C_2 = W_2 \times R_2 = [0.5, 0.5] \times$

$\begin{bmatrix} 0.2 & 0.35 & 0.45 & 0 & 0 \\ 0.2 & 0.45 & 0.2 & 0.15 & 0 \end{bmatrix} = [0.2, 0.4, 0.325, 0.075, 0]$

$C_3 = W_3 \times R_3 = [0.1894, 0.2359, 0.2175, 0.2613, 0.0959] \times$

$\begin{bmatrix} 0.2 & 0.65 & 0.15 & 0 & 0 \\ 0.45 & 0.45 & 0.1 & 0 & 0 \\ 0.2 & 0.65 & 0.15 & 0 & 0 \\ 0.2 & 0.6 & 0.2 & 0 & 0 \\ 0.3 & 0.5 & 0.2 & 0 & 0 \end{bmatrix} = [0.2686, 0.5754, 0.1561, 0, 0]$

$C_4 = W_4 \times R_4 = [0.5500, 0.2402, 0.2098] \times$

$\begin{bmatrix} 0.25 & 0.45 & 0.15 & 0.15 & 0 \\ 0.25 & 0.6 & 0.15 & 0 & 0 \\ 0.25 & 0.55 & 0.2 & 0 & 0 \end{bmatrix} = [0.25, 0.507, 0.1605, 0.0825, 0]$

$$C_5 = W_5 \times R_5 = [0.5936, 0.2493, 0.1571] \times$$

$$\begin{bmatrix} 0.15 & 0.25 & 0.45 & 0.15 & 0 \\ 0.2 & 0.45 & 0.2 & 0.15 & 0 \\ 0.2 & 0.35 & 0.35 & 0.1 & 0 \end{bmatrix} = [0.1703, 0.3156, 0.3720, 0.1421, 0]$$

3. 计算各一级指标模糊评分

据前文选定评语集评价标准，我们把评价指标设为很好、较好、一般、较差、很差的五个评价等级，将一级指标模糊综合矩阵与对应的区间中值标准矩阵［95、85、75、65、30］进行模糊运算得到一级指标模糊评分。一级指标模糊评分评价结果见表5-21。

表5-21　　　　　　一级指标评价情况汇总表

一级指标	整体评分	评价等级
控制环境 C1	89.08	较好
风险评估 C2	82.25	较好
控制活动 C3	86.13	较好
信息与沟通 C4	84.24	较好
内部监督 C5	80.14	较好

4. 内部控制有效性评价结果

将一级指标整体评分与一级指标权重值相乘，可得出H高校政府采购内部控制模糊评分总分为：

$$C = [89.0855, 82.25, 86.1335, 84.2450, 80.1410] \times \begin{bmatrix} 0.2282 \\ 0.2843 \\ 0.1832 \\ 0.2282 \\ 0.0761 \end{bmatrix} = 84.8161$$

三、高校政府采购业务内部控制模糊评价结果分析

根据上述计算结果可知，H高校政府采购内部控制活动中，控制环

境、风险评估、控制活动、信息与沟通、内部监督五个方面均处于"较好"水平,其中控制环境指标得分最高,为89.0855分,根据表5-21可知该指标处于"较好"水平,说明H高校具有比较完备的组织结构,在进行政府采购时,具备一套较为科学与完备的决策体系,并能保证职责分明,决策时能相互制约;风险评估总体得分为82.25分,根据表5-21可知H高校对风险的控制水平较好,但在一级指标评分中处于较低水平,说明H高校对于风险评估方面的控制应进一步加强;控制活动总体得分86.1335分,根据表5-21可知H高校政府采购的控制活动指标处于"较好"状态,在一级指标评分中处于较高水平,说明在政府采购工作流程中表现较好,能比较合理制定年度政府采购计划和编制预算,采购方式的确定、合同签订及保管等工作流程符合政策规定,基本处于良好运行的状态。信息与沟通总体得分为84.2450分,该指标在政府采购业务内部控制评价指标等级中处于"较好"水平,说明在H高校政府采购内部控制活动中信息与沟通方面表现较好,内部监督指标得分最低,仅有80.1410分,说明H高校对政府采购内部控制活动的监督检查机制存在一定缺陷,需对其进一步加强完善。

通过对H高校政府采购内部控制活动的总体评分进行计算,可得到其综合评分为84.8161分,H高校政府采购内部控制总体评价为"较好",说明H高校内控制度总体上完善有效,但根据专家对二级指标打分情况与H高校实际的政府采购内部控制情况进行深入分析可知,该高校采购活动中的内部控制仍存在一定缺陷,有待于进一步改进与强化。

第三节　H高校政府采购内部控制关注的重点与举措

一、预算编制与项目审批

H高校政府采购预算编制时，虽然做到了预算资金来源提前得到了确认，采购品种类型及其所对应的基本参数也编制在列，但在实际编制过程中，没有做到对采购品种市场行情进行调查，没有充分了解市场行情，一些专业性强或者非通用产品价格无法做到准确判断，政府采购品种预算编制缺少确定性价格标准，造成了在后期采购时，发生了采购品种实际价格和预算价格相差较大的情况。为此，对于货物或服务类商品，在预算编制这个环节，H高校政府采购内部控制采取的防控措施主要有：①严格按照学校预算制度编制政府采购预算；②加强对政府采购项目物品参数调研审批。要求项目采购单位做好项目物品参数充分的市场调研，主管部门要落实好相关的主体责任，做好项目物品参数调研审批工作。

H高校为了保证财政资金支出合理、防范基层用户寻租风险情况发生，建立了项目审批分层分级审核制度。要求所有政府采购项目物品清单在采购之前，必须进行公开公示，项目物品需求部门按要求填写采购项目物品清单后，由各部门相关领导负责审核并确定项目是否需要采购、需求是否合理，是否与高校发展相符。对于金额较大或对学校影响较大的项目，将邀请招标采购中心、财务处、业务部门、法律或技术咨询等部门领导共同洽商、集体研究确定。在项目审批这个环节，H高校政府采购内部控制采取的防控措施主要有：①制定科学采购申报审批流程，不得越权审批；②严格按照法律法规确定相应的采购方式。

二、采购文件的编制和审核

采购文件编制质量的高低将直接影响到后续采购流程中每一阶段的采购质量。H高校在编制采购文件时，重点关注以下几个方面：

1. 采购清单目录和控制价格的核定

H高校在货物或服务类项目采购操作过程中，主要是由学校资产处和审计处各自分别安排相关咨询机构编制，经两部门共同审核一致后，再送至高校财政管理部门评审。这种模式虽然降低了H高校政府采购清单和控制价格的编制风险，但也可能会使相关工作人员没有主体责任意识，一旦出现意外就会造成相互推诿的现象。因此如何既能强化主体责任意识又能做好编制核定工作是H高校政府采购工作的一个重难点。

2. 评标指标和评标方法的设置

评标指标和评标方法的设置是在价格、服务方案和商务考察因素之间合理分配权重，提出考察要点及量化细则并编制对应分值，其设置科学合理与否将直接影响到采购的质量。H高校在评标指标和评标方法设置方面，还是存在一些疑惑点。一是货物类采购项目主要关注货物类采购物品技术参数指标，而忽视了供应商的服务水平、供货效率等其他不易量化或无法量化的评审因素；二是保安服务、物业服务等服务项目，评审因素难以细化量化易造成需求指标不完整；三是量化评标指标主要是为了削弱评审专家的自主决定权，但评标指标如果完全量化也会造成评审专家没有存在的意义，无法发挥其专业作用。因此如何设置科学合理的评标指标也是H高校政府采购工作的一个难点。

三、采购执行过程的监督管理

各高校在政府采购执行过程中,经常出现有些代理机构未替代采购人发挥其专业优势、尽职尽责地进行采购,走过场;有些评审专家业务不精,影响评审质量和效能。针对这类频发的现象,H高校在政府采购执行过程主要采取如下举措:

1. 对采购代理机构的监督

H高校为避免代理机构因专业化水平不高、诚信道德水平低导致的采购文件编制不合法、采购流程不合规等问题发生,主要是通过考核评价,优选代理机构、监督评价采购代理机构的履职能力和各项专业水平,以采购结果作为考核标准等措施,来完成对采购代理机构的监督。

2. 对评审专家的监督

H高校政府采购活动过程中,为发挥评审专家在评审过程中的公平公正,裁决和判断供应商是否符合资格条件的作用,对评审专家的监督,主要采取了如下措施:一是强调了评审专家应符合回避要求;二是要根据采购文件的各项标准和规定进行独立评审。

3. 对供应商的监督

H高校政府采购活动过程中,主要采取注重对采购政策的执行情况实行全流程闭环监督检查等措施,来对供应商进行监督。如供货时,要求供应商提供符合指标要求的证明性文件;利用新技术跟踪工程项目施工过程中的监督管理;在招标采购环节,严格规定供应商不能借用资质、约定投标价格、贿赂相关人员、设置特定条件以围标方式进行串通投标等,否则会适时依据法律法规进行处理。但在实际执行过程中,也经常出现缺乏有效证据或采购监督主体职责不明确导致监督落实难以到位的情况发生。

4. 对质疑投诉的管理

H 高校规定如果供应商或其他当事人发现在采购活动中出现了不符合法律规定或严重侵害了自身权益的行为，可以在规定时间内向招标采购中心或监察处提出质疑。招标采购中心应当在收到供应商的质疑函后尽快对质疑的内容进行调查和研究，并及时给予回复。学校监察处在收到投诉书后，也应组织相应调查取证工作，并在 30 个工作日内按照规定作出书面处理决定，并以书面形式通知投诉人和与该事件相关的参与人。

四、验收及后期使用的评估与反馈

验收工作是对政府采购项目是否达成阶段性目标的一次检验。对于不同的政府采购项目，H 高校采取的履约验收形式和方案是不同的。对物业服务类项目验收主要采用分期履约来进行，比如分季度、半年度和年度等；工程项目的验收时主要关注是否符合施工图纸的设计要求，是否按照工期进行施工；货物类项目主要是看它的品牌、数量以及各项技术参数指标是否符合履约合同中的各项规定。

验收评估工作主要难在采购验收人缺乏必要的专业能力，很有可能出现验收工作不到位的情况，不能发现不符合使用人预期的商品；采购验收人在验收过程中为了私利而忽略验收标的物的质量，让其蒙混过关；一些领导干部私自干预验收环节，从而损害了学校的利益。为此，H 高校在验收及资金拨付这个政府采购内部控制环节，采取的防控措施主要有：①验收物资时，邀请第三方专业机构或人员参与验收技术含量较高的采购物资或服务；②资金管理和支付时，按照财务管理办法，专款专用，对采购项目的各项原始材料进行审核，审核过关后才予以支付资金。

第六章

H 高校政府采购内部控制存在的问题及原因分析

本章是在前文 H 高校政府采购内部控制运行现状及有效性分析评价基础上，通过问卷调查，利用结构方程模型找出影响 H 高校政府采购内部控制五要素中存在的具体问题，然后分析、查找具体原因。

第一节　H 高校政府采购内部控制影响因素调查分析

一、问卷调查设计与实施

（一）调查对象及方法

本次调研对象为 H 高校政府采购内部控制领导小组成员以及负责政府采购的相关工作人员，主要包括招标采购中心的工作人员、从事政府采购工作的 H 高校采购需求预算单位人员、曾参与 H 高校政府采购工作的供应商、评审专家以及采购代理机构[119]。由于他们最了解学校政府采购工作内控情况，答案具有代表性和可信性。本次调查方法主要采用问卷调查与访谈相结合的方式，对 H 高校政府采购内部控制工作的基本情况进行全方位调查了解。

（二）问卷设计

本次问卷调查内容是基于 COSO 内部控制五要素的基本框架，结合国务院发布的《行政事业性国有资产管理条例》、财政部颁发的《行政事业单位内部控制规范（试行）》、教育部颁发的《教育部直属高校经济活动内部控制指南（试行）》等相关内容，编制调查问卷内容。

问卷调查内容主要包括以下5个模块：

（1）控制环境：组织机构、工作机制、队伍建设、制度体系等；

（2）风险评估：风险管理意识、风险评估、评估报告和内部控制手册等风险管理环节的工作内容[120]；

（3）过程控制：预算和采购计划编制、采购计划审批、采购方式、采购需求、招投标程序、签订合同、验收、资金拨付及档案管理等全过程管理[121]；

（4）信息与沟通情况：信息系统，信息公开与披露、沟通协调等；

（5）内部监督评价情况：质疑与投诉、自我评定和绩效监督检查机制。

本次问卷调查内容总共包含了34个问题，其中包括5个基本信息问题，涵盖了受访者的身份、年龄、学历、工作年限、职务等方面信息[122]；另外还有29个问题用于调查高校政府采购内部控制影响因素，按照李克特五级量表对问卷内每个指标内容的偏好打分。

（三）问卷的发放与回收情况

在这次的调查中，总共分发了125份问卷，总计收回了110份。在这110份问卷中，有效的问卷数量为100份，有效率90.9%。

二、基于结构方程模型H高校政府采购内部控制影响因素分析

本次调查问卷是据COSO内部控制五要素的基本框架来设计调查问卷的内容，在数据处理过程中，涉及要同时处理多个因变量、允许自变量和因变量含测量误差等问题[123]，由于结构方程模型能较好地解决此类问题，因此，本节将使用结构方程模型来分析其影响因素。

（一）结构方程模型简介

结构方程模型（Structural Equation Modeling，SEM）是社会科学研

究中的一个多元数据分析的重要工具，旨在通过建立数学模型来描述观察到的变量之间的关系。它能清晰地分析单项指标对总体的作用和单项指标间的相互关系，可以替代多重回归、路径分析、因子分析、协方差分析等方法，广泛用于探索变量之间的因果关系、验证理论模型、评估测量工具的质量等。

（二）H高校政府采购内部控制影响因素分析

借鉴COSO委员会提出的国际内部控制基本框架，本书在分析H高校政府采购内部控制影响因素时，认为控制环境、制度建设、信息与沟通、内部监督和风险评估这5个因素作为外生潜变量，控制活动作为内生潜变量可能会对H高校政府采购的意愿产生影响，并且认为潜变量是通过一系列可观测变量来影响着高校政府采购内部控制的贯彻和执行以及内部控制目标的实现。据问卷设计内容，相应的外生和内生潜变量及其可观测变量见表6-1：

这一部分中的5个外生潜变量和1个内生潜变量共29个可观测变量要求选择认同程度，认同程度共分为5个级别。分别是非常不同意（1分）、不同意（2分）、一般（3分）、同意（4分）、非常同意（5分）。然后使用SPSS和Amos软件，对构建影响H高校政府采购意愿的控制环境、制度建设、信息与沟通、内部监督、风险评估和控制活动因素的结构方程模型进行拟合检验，确定各观测变量之间的关系。

三、数据收集与研究分析

（一）问卷调查样本信息分析

本研究以H高校涉及政府采购内部控制工作的员工作为样本源，共抽取了125人进行问卷调查。在发放的125份问卷中，共回收了110

表 6-1　　　　　潜变量及可观测变量设置

潜变量属性	潜变量	可观测变量	对应符号
外生潜变量	控制环境	领导小组运行	e1
		岗位职责分离	e2
		职责界定明确	e3
		专人负责采购业务	e4
		内控纳入考核	e5
	制度建设	采购制度健全	e6
		采购管理完善	e7
		内控岗位培训	e8
		内控岗位轮岗	e9
	信息与沟通	采购信息公开	e10
		部门沟通合作	e11
		信息沟通制度	e12
	内部监督	投诉及时处理	e13
		内部监督作用大	e14
		问题及时整改	e15
		持续监控监督	e16
	风险评估	风险管理意识	e17
		定期风险评估	e18
		形成评估报告	e19
内生潜变量	控制活动	市场调研沟通	e20
		严格编制预算	e21
		审批环节有效	e22
		符合法规采购	e23
		需求明确公正	e24
		规范投标评审	e25
		合同及时签订	e26
		多方组织验收	e27
		审核付款流程	e28
		规范记录保管	e29

份问卷，问卷回收率为 88%，去除其中的 10 份无效问卷，最终得到有效问卷 100 份，问卷有效率为 90.9%。此次调查问卷员工中，经过初步分析得到样本统计学特征见表 6-2。

表 6-2　　　　　　　　　　样本描述性统计分析

名称	选项	频数	百分比（%）
性别特征	男	31	31
	女	69	69
学历特征	本科以下	6	6
	本科	45	45
	研究生及以上	49	49
从事高校采购年限特征	5 年以下	73	73
	5~10 年	21	21
	10 年以上	6	6
从事高校采购身份特征	从事高校采购相关实务工作	63	63
	采购监管部门	8	8
	研究内部控制相关的学者	6	6
	供应商	23	23
从事高校采购职务特征	高校采购具体工作人员	79	79
	部门负责人	15	15
	分管领导	3	3
	其他	3	3

通过对被调查群体的性别特征来看，女性占 69%，这表明在高校工作人员构成中，女性人员占比较多，其女性特征能较好地满足政府采购工作所需要细心和耐心工作岗位特质的要求；从学历特征来看，研究生及以上占 49%，说明高校工作人员大部分都属于高级知识分子，都具有较好的相关专业知识和技能，能满足政府采购工作岗位所需要的知识和技能要求；从事高校采购的年限特征来看，5 年以下占 73%，表明在参与调查的人员中，相对较多的人具有较短的从业经验。这就要求 H 高校需要关注新人的培养和引导，以提高他们在政府采购领域的专业水

平;从事高校采购的身份特征和职务特征来看,采购业务部门的工作人员占比最高,达到63%以上,说明参与调查的人员中,在政府采购领域有较多的从业经验和专业知识,能较好地回答相关问题。因此,从本次调查问卷结果样本的基本信息统计情况来看,问卷的代表性和有效性较好,符合研究要求和需要。

(二)量表数据的信度分析

Cronbach's α 系数是一种常用的内部一致性检验指标,用于评估测量工具(例如问卷)中各个项目之间的相关性。α 系数的取值范围为0到1,值越高表示项目之间的内部一致性越好。Cronbach's α 系数值超过0.80,说明该问卷可靠性良好,具体标准见表6-3。为了保证此次问卷的有效性及可靠性,本书在分析之前首先对原始问卷进行信度和效度检验[124]。

表 6-3　　　　　　Cronbach'sα 信度标准

Cronbach's α 值	标准
Cronbach's α ≤ 0.3	不可信
0.3 < Cronbach's α ≤ 0.4	初步研究,勉强可信
0.4 < Cronbach's α ≤ 0.5	稍微可信
0.5 < Cronbach's α ≤ 0.7	可信
0.7 < Cronbach's α ≤ 0.9	很可信
Cronbach's α > 0.9	十分可信

本书利用 SPSS23.0 软件对"H 高校政府采购内部控制调查问卷"中得到的数据进行信度检验,在"H 高校政府采购控制环境"方面,共有5个项目被纳入信度检验分析,这些项目的 Cronbach's α 系数为0.849,说明"H 高校政府采购控制环境"在信度检验方面表现较好,具有较高的内部一致性和可靠性[125]。在"H 高校政府采购制度建设"方面,共有4个项目被纳入信度检验分析,在"H 高校政府采购信息与沟通"方面,共有3个项目被纳入信度检验分析,在"H 高校政府

采购内部监督"方面，共有 4 个项目被纳入信度检验分析，在"H 高校政府采购风险评估"方面，共有 3 个项目被纳入信度检验分析，在"H 高校政府采购控制活动"方面，共有 10 个项目被纳入信度检验分析，这些项目的 Cronbach's α 系数见表 6-4。

表 6-4　　　　　　　　　信度检验表

变量	题项数	Cronbach's α 系数
控制环境	5	0.849
制度建设	4	0.797
信息与沟通	3	0.724
内部监督	4	0.706
风险评估	3	0.781
控制活动	10	0.884

由表 6-4 可知，Cronbach's α 的值都大于 0.7，属于高信度，说明该问卷稳定性较高，这些指标在信度检验方面表现较好，具有较高的内部一致性和可靠性，通过了信度检验，量表具有高的可靠性。

（三）量表数据的效度分析

量表数据的效度分析指的是对问卷测量结果的有效性进行分析，即对设计问卷的测量结果是否反映它所应该反映的客观现实的准确程度的检验[126]。KMO（Kaiser - Meyer - Olkin）系数是对结构效度进行检验的常用方法，具体标准为 Kaiser - Meyer - Olkin 为 0.9 以上，表示问卷的效度非常好[127]；Kaiser - Meyer - Olkin 为 0.8~0.9，表示问卷的效度较好；Kaiser - Meyer - Olkin 为 0.7~0.8，表示问卷的效度一般；Kaiser - Meyer - Olkin 为 0.6~0.7，表示问卷的效度较差；Kaiser - Meyer - Olkin 为 0.5~0.6，表示问卷的效度很差；Kaiser - Meyer - Olkin 为 0.5 以下，表示不能接受。本书利用 SPSS23.0 软件对调查问卷进行结构效度检验，其具体效度值见表 6-5：

表 6-5　　　　　　　KMO 和巴特利特检验效度检验表

KMO 值		0.913
Bartlett 球形度检验	近似卡方	1996.366
	df	406
	P	0.000***

注：***、**、*分别代表1%、5%、10%的显著性水平，下同。

由表 6-5 可知，KMO 统计量为 0.913，大于 0.9，P 值小于 0.01，说明问卷效度非常好，量表的构念效度水平好，观测指标与因子之间存在一定的相关性，同时也说明本书编制的《H 高校政府采购内部控制调查问卷》所得到的样本数据能有效评价 H 高校政府采购内部控制存在的问题。

（四）因子分析及模型拟合

由于问卷数据信效度良好，适合进行因子分析，于是本书借助 AMOS26.0 展开因子分析与模型拟合，并预先运用 SPSS23.0 进行探索性因子分析，且效果良好。

1. 结构效度检验

模型拟合程度由众多指标进行测量评价，其中 χ^2/df（卡方自由度比）、RMSEA（近似均方根误差）、TLI（比较拟合指数）、CFI（相对拟合指数）等指标较为重要[128]。由于学术界对于拟合指标的选取并没有统一标准，本书除上述 4 指标外再选取 NFI（卡方自由度比）、NNFI（拟合指数）进行衡量，结果显示各指标均通过检验，模型的拟合优度检验结果见表 6-6。

表 6-6　　　　　　　模型拟合指标结果

统计量	χ^2/df	P	RMSEA	GFI	TLI	NFI	NNFI
值	1.758	0.000	0.078	0.752	0.857	0.718	0.834
标准	<3	—	<0.1	>0.8	>0.8	>0.8	>0.8
结论	适配	显著	适配	能接受	适配	能接受	适配

由表 6-6 的结果可知，除了 GFI 和 NFI 这两个指标略低于标准之外，其他指标均优于判断指标，表明模型拟合程度较好，不需要进行模型修正[129]。

2. 聚敛效度检验

前述分析说明结构模型具备良好的结构效度，接着对模型中的 6 个潜变量进行聚敛效度检验，依据标准化后的因子载荷系数，将同一潜变量下的载荷系数划为一组，数据计算的最终结果，见表 6-7。

表 6-7　验证性因子分析模型平均方差萃取量与组合信度表

影响路径			因子载荷	AVE	CR
领导小组运行	←	控制环境	0.632		
岗位职责分离	←	控制环境	0.809		
职责界定明确	←	控制环境	0.783	0.55	0.856
专人负责采购	←	控制环境	0.625		
内控纳入考核	←	控制环境	0.785		
采购制度健全	←	制度建设	0.610		
采购管理完善	←	制度建设	0.816	0.536	0.814
内控岗位培训	←	制度建设	0.734		
内控岗位轮岗	←	制度建设	0.765		
采购信息公开	←	信息与沟通	0.684		
部门沟通合作	←	信息与沟通	0.635	0.461	0.718
信息沟通制度	←	信息与沟通	0.712		
投诉及时处理	←	内部监督	0.617		
内部监督作用大	←	内部监督	0.630	0.396	0.717
问题及时整改	←	内部监督	0.633		
持续监控监督	←	内部监督	0.806		
风险管理意识	←	风险评估	0.688		
定期风险评估	←	风险评估	0.747	0.545	0.781
形成评估报告	←	风险评估	0.77		
市场调研沟通	←	控制活动	0.636		
严格编制预算	←	控制活动	0.650		
审批环节有效	←	控制活动	0.657		
符合法规采购	←	控制活动	0.664		
需求明确公正	←	控制活动	0.618	0.439	0.885
规范投标评审	←	控制活动	0.637		
合同及时签订	←	控制活动	0.683		
多方组织验收	←	控制活动	0.827		
审核付款流程	←	控制活动	0.766		
规范记录保管	←	控制活动	0.624		

根据表6-7的结果可以看出，控制环境、制度建设和风险评估的AVE大于0.5且CR值超过0.7，说明这三个因子的聚合效度非常优秀。而信息与沟通、内部监督和控制活动AVE小于0.5，但是三者的CR值超过0.7，说明这三个因子的聚合效果较好。同时各个潜变量对应各题目的因子载荷系数均大于0.6，说明各个潜变量所对应的题目具有很高的代表性。

（五）相关性分析

本研究通过相关性分析来评估高校政府采购内部控制几大要素之间的相关关系水平，为后面用结构方程模型找出H高校政府采购内部控制存在的问题的关键影响因素提供理论支撑。其Pearson相关性分析结果见表6-8：

表6-8　　　　　　　　　　Pearson相关性分析

	控制环境	制度建设	信息与沟通	内部监督	风险评估	控制活动
控制环境	1***	0.788***	0.843***	0.814***	0.828***	0.826***
制度建设	0.788***	1***	0.783***	0.805***	0.743***	0.787***
信息与沟通	0.843***	0.783***	1***	0.756***	0.772***	0.774***
内部监督	0.814***	0.805***	0.756***	1***	0.819***	0.77***
风险评估	0.828***	0.743***	0.772***	0.819***	1***	0.843***
控制活动	0.826***	0.787***	0.774***	0.77***	0.843***	1***

从表6-8中可以看出：控制环境、制度建设、信息与沟通、内部监督、风险评估和控制活动几大影响因素之间存在着显著的线性相关关系。这意味着H高校政府采购内部控制几大要素之间，存在相互影响关系，这样就要求我们如果想要改善政府采购控制环境，就必须要加强与政府采购相关的制度建设、信息与沟通、内部监督、风险评估和加强控制活动工作，以促进整体效率的提升和改进。

四、结构方程模型影响因素路径分析

上述验证性因子分析与模型拟合证明模型效果良好,于是利用 AMOS 26.0 导出 H 高校政府采购内部控制影响因素路径分析图,如图 6-1 所示。

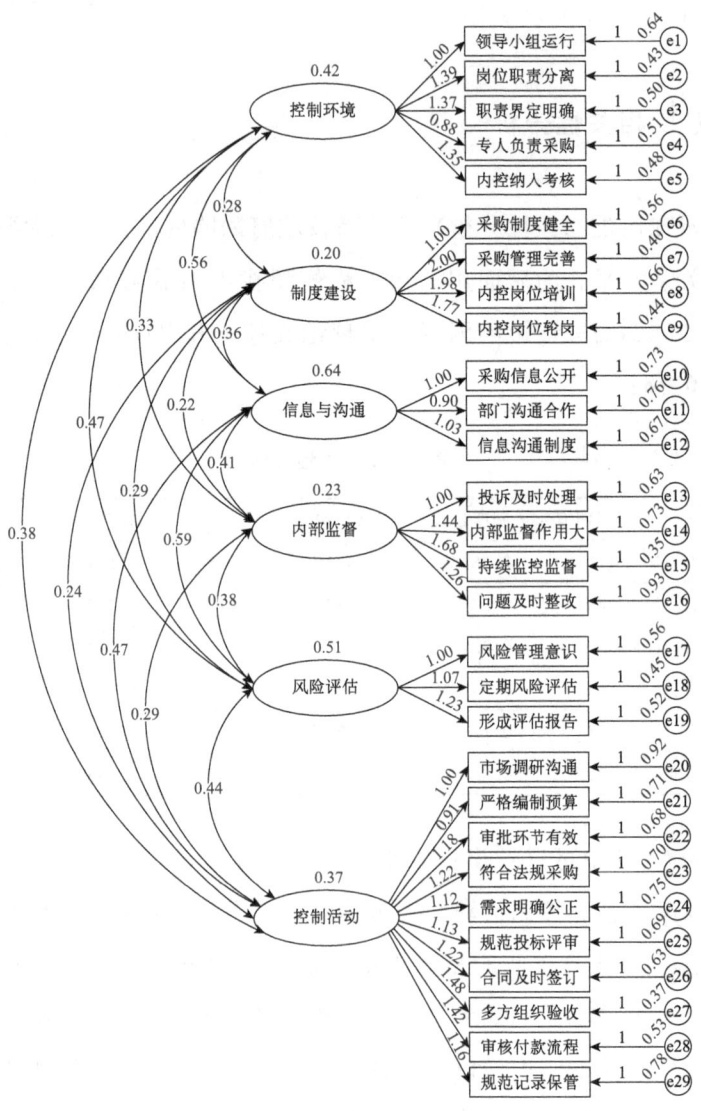

图 6-1 高校政府采购业务内部控制量表的验证性因子分析模型

第六章 H高校政府采购内部控制存在的问题及原因分析

由图 6-1 可知,在影响 H 高校政府采购内部控制一级指标的因素中,信息与沟通路径系数 0.64 > 风险评估路径系数 0.51 > 控制环境路径系数 0.42 > 控制活动路径系数 0.37 > 内部监督路径系数 0.23 > 制度建设路径系数 0.20。

在信息与沟通二级指标的影响因素中,"部门沟通合作"影响程度最大,路径系数为 0.76,"采购信息公开"影响程度次之,路径系数为 0.73,"信息沟通制度"影响程度最小,路径系数为 0.67;在风险评估二级指标的影响因素中,"风险管理意识"影响程度最大,路径系数为 0.56,"形成评估报告"影响程度次之,路径系数为 0.52,"定期风险评估"影响程度最小,路径系数为 0.45;在控制环境二级指标的影响因素中,按影响程度排序,依次为:"领导小组运行"路径系数 0.64 > "专人负责采购"路径系数 0.51 > "职责界定明确"路径系数 0.50 > "内控纳入考核"路径系数 0.48 > "岗位职责分离"路径系数 0.43;在控制活动二级指标的影响因素中,按影响程度排序,依次为:"市场调研沟通"路径系数 0.92 > "规范记录保管"路径系数 0.78 > "需求明确公正"路径系数 0.75 > "严格编制预算"路径系数 0.71 > "符合法规采购"路径系数 0.70 > "规范投标评审"路径系数 0.69 > "审批环节有效"路径系数 0.68 > "合同及时签订"路径系数 0.63 > "审核付款流程"路径系数 0.53 > "多方组织验收"路径系数 0.37;在内部监督二级指标的影响因素中,"问题及时整改"路径系数 0.93 > "内部监督作用大"路径系数 0.73 > "投诉及时处理"路径系数 0.63 > "持续监控监督"路径系数 0.35;在制度建设二级指标的影响因素中,"内控岗位培训"路径系数 0.66 > "采购制度健全"路径系数 0.56 > "内控岗位轮岗"路径系数 0.44 > "采购管理完善"路径系数 0.40。

第二节 H 高校政府采购内部控制存在的问题及原因分析

一、H 高校政府采购控制环境问题

由前文 H 高校政府采购内部控制现状可知：在内部控制环境方面，学校虽然成立招标采购工作领导小组，校长任组长，分管招标采购工作的副校长任副组长，成员由纪检监察处、计划财务处、审计处、资产设备管理处、后勤处、基建处等部门负责人和学校法律顾问组成，采购业务组织结构相对合理、职责分工较为完善，但同时也存在着以下几方面缺陷：

（一）职责不够明确

根据问卷调查和实地调研得知，虽然在《H 高校采购与招标管理办法》中明确了各小组的职责，但仍有部分工作没有明确职责，职责不明容易造成疏漏，影响项目之间的衔接，影响采购效率，在实际操作过程中，也容易导致有关部门推诿扯皮、推卸责任的情况。

（二）管理制度不完善

H 高校目前的管理办法虽严格按照国家有关规章制度进行制定，但并不能很好地适应 H 高校自身的实际情况。近年来，H 高校虽然出台了一系列关于加强内部控制建设的规章制度，但在实际采购工作中却并未完全按章办事，仍存在着一些违规行为，致使内控体系流于形式，内控体系的控制功能难以得到充分发挥。

(三) 采购队伍整体素质仍需要进一步提高

高校政府采购活动涉及的部门很多，除了与招标办公室、财务处、审计处等具有相关专业知识的部门有关外，还涉及其他教学辅助部门、行政部门、立项部门等专业领域不同的人员。通过对专家进行调查问卷结果进行汇总后发现，H 高校并未对所有可能涉及政府采购的所有教职工进行统一的内部控制相关理论的培训，导致该类教职工有关政府采购方面的专业素养水平较低，未能深刻理解内部控制活动的现实意义与重要性，对内部控制重视程度较弱，从而导致 H 高校在采购活动中产生一系列问题，严重加大了 H 高校政府采购的工作量，给该高校带来一些诸多负面影响。

二、H 高校政府采购风险评估方面问题

高校政府采购内部控制活动不可或缺的因素之一即为风险评估，通过对采购内控活动进行风险评估，不仅可以对采购活动的具体流程以及内部控制的执行情况进行审查，及时发现其中的缺陷与问题，找到解决当前问题的有效途径，并规避未来可能出现的潜在问题，将可能出现的损失程度降到最低，还可以通过对采购流程以及内控活动的观察，有利于更加深入地了解高校政府采购内部控制环境，最大程度上提高完善政府采购内部控制的工作效率，提高政府采购资金的使用效益。尽管 H 高校在控制环境方面实现了责权分明、相互制约，但通过调查问卷分析，我们还是可以发现 H 高校政府采购内部控制风险评估体系仍存在以下几点问题，需进一步加强：

(一) 风险识别能力弱

风险识别是风险管理的前提与依据，风险识别准确与否很大程度上

影响了风险管理成效。风险管理以必须明确风险发生地点为前提，需提前识别风险隐患，针对识别出来的问题进行分析，制定高质量的风险应对方案。H 高校对教育、科研的发展状况更加重视，在政府采购内部控制的执行情况方面，相较于学校财政资金使用的合规性、合理性而言，政府采购内部控制风险识别能力弱。因此，多数领导对政府采购风险意识不强，未能形成有效风险预判与信息共享机制，无法准确识别政府采购内部控制活动中可能存在的潜在风险并对其进行有效地防范。

（二）未将风险评估分级量化

高校在对政府采购内控活动进行风险评估时，不仅要考虑高校财务状况、资产情况、科研教育等内部因素，也要考虑社会、政治、经济等外部环境因素，将内部和外部因素有机综合起来进行全面考虑，并将风险分级量化，以便对不同等级的风险采取相应不同的解决措施[130]。H 高校并未将风险评估分级量化，也未建立专业的风险评估部门，这一现象表明 H 高校对政府采购内部控制风险评估的重视程度有所欠缺，有可能在后续政府采购活动中的内部控制失效，无法及时发现政府采购过程中有可能出现的问题并事先提出行之有效的解决方案，因此，H 高校应对此加以注意。

（三）未建立风险评估工作小组

H 高校未设立专门的风险评估管理机构，未设置相关岗位、也未制定有关规则，并没有针对政府采购流程、采购岗位设置等关键控制点进行风险评估，无法通过对现有政府采购风险评估分析出关键控制点上的风险，无法及时采取关键控制措施来提升内控质量，达到提早识别从而避免风险点发生的目的。特别是当影响风险的内部因素和外部环境因素发生改变时，高校无法及时根据发生的变化适时的调整政府采购的内控活动，以至于难以快速发现存在的风险，进而影响政府采购内部控制活动的正常进行。

三、H 高校政府采购控制活动方面问题

（一）采购预算、计划编制不科学、不严谨

H 高校政府采购虽然每年都会制定年度预算计划，但是预算项目制定缺少科学性，预算偏差大，缺乏制定、执行和评价的封闭式的管理体系，预算执行不理想。通过对 2021 年度和 2022 年度的部门预算公开文件与部门决策公开文件进行详细分析可以发现 2021 年度关于政府采购的预算总额为 6785 万元，其中：货物类采购预算 785 万元、工程类采购预算 6000 万元；而 2021 年度的决算总额为 5295 万元，其中：政府采购货物支出 1250 万元、政府采购工程支出 3800 万元、政府采购服务支出 245 万元，可以看出 2021 年度关于政府采购预算的总额高出实际决算总额 1490 万元。2022 年度关于政府采购的预算总额为 1325 万元，其中：货物类采购预算 350 万元；工程类采购预算 975 万元；而 2022 年度政府采购支出总额 9732.29 万元，其中：政府采购货物支出 5257.64 万元、政府采购工程支出 4474.64 万元，可以看出 2022 年度关于政府采购的预算总额低于实际决算总额 8407.29 万元。因此，可以看出 H 高校 2021-2022 年政府采购的预算总额与实际决算总额严重不符，说明该高校在编制采购预算时对采购价格缺乏深入细致的市场调查，只是进行简单的估计或网络查询，预算编制过于简单粗糙、不够科学规范、把关不够严谨、考虑不够周全，部分项目预算绩效管理尚未完全融入预算编制、下达、执行、监督的全过程，预算绩效目标设置存在不够清晰、完善、无法量化的问题[131]。

（二）采购需求的编制缺乏科学的论证、审核

由于科学技术更新换代的速度很快，H 高校作为省属理工类院校，

经常需要采购大量高价值专用设备以满足教学和科研需要。教学设备需求部门，在进行采购设备需求论证时，不认真进行调查研究，走形式走过场；一些招标参数加入大量指向性、歧视性条款，"被设计"感严重，直接导致采购需求被采购代理机构退回，或导致潜在供应商的投诉和质疑。

（三）采购方式选择不太严谨

一是规避公开招标。公开招标要求招标文件挂网公告时间不少于20天，一些项目，立项部门便以时间紧急，部门教学需求迫切等理由采用非公开招标方式采购。此外，对于一些采购需求需详细评审的项目，为了赶时间，也要求采用竞争性谈判等非公开招标采购方式；二是单一来源项目比重过大。对一些专用设备和软件系统采购，一些部门出于私心，以各种理由拒绝招标采购，要求进行单一来源采购；三是采购信息披露不规范。这主要表现在一些分散采购项目，信息发布不及时，公告信息不完整，公告发布平台不权威，很多时候只是发布于学校网站上，违反了采购信息披露的相关规范。

（四）采购履约管理职责不够清晰

这主要表现在采购执行部门和采购需求部门之间。如采购完成后，所有合同均由学校资产处采购执行部门统一审核签订。这样一来，就会造成资产处政府采购经办人员既管招标采购、又管合同签订；既管履约执行、又管支付验收[132]。

（五）验收流程不规范

履约验收是采购活动中重要一环，关系着采购项目是否满足采购需求，是否取得预期的采购效果。通过调研和访谈得知，H高校并没有组建专门的验收小组，基本上是由需求部门直接验收，甚至只是为了申请支付款项就签字验收，并没有真正开展项目验收，没有形成完整的验收报告。这违背了相关规定，也不符合合同约定，同时容易出现经办人与供应商互相串通，共同骗取资金等舞弊现象。

（六）缺少询问、质疑与投诉规范化处理应对措施

质疑和投诉是一项具有法律效力的市场行为。在正常的情况下，会对采购活动带来消极的影响，从而影响到整个采购工作的效率和服务质量，所以《行政事业单位内部控制规范（试行）》《中华人民共和国政府采购法》均有相关规定，要求各单位高度重视采购工作中出现的各种问题，要求投诉必须进行及时、合理的回应和管理，要求各部门指定一个牵头部门，联合相关参与部门，严格执行国家有关规定，及时处理好采购业务中的质疑投诉答复等工作。但是H高校目前还没有将询问、投诉和质疑答复纳入标准化的管理之中。如在某次采购中的供应商提出对采购公告的质疑，采购小组无法按照已经制定的采购管理办法予以解释、答复，而是紧急查阅相关资料和《中华人民共和国政府采购法》要求后，才予以回应。

（七）合同管理制度不够完善

在合同管理控制方面，H高校在2017年发布了《H高校经济合同管理办法（试行）》的通知，其中对合同的管理、合同的订立、合同的履行与监督、责任四方面进行了简单的阐述，但H高校在落实合同管理制度时执行力不强，常常在实际工作中出现未经授权的工作人员对合同进行批复、合同要素不尽完善、内容格式不规范等问题，难以保障合同有效性；H高校在签订合同时有时存在项目负责人未贯彻落实会签会审制度而自行签订的情况，难以保障合同科学性。另外，H高校仍处于传统的纸质存档、电子登记等合同管理方式，尚未完全建成能够对各部门中各种合同进行协调与共享的自动化合同管理系统，这无疑加大了合同管理工作量。

四、H 高校政府采购信息与沟通方面问题

在信息与沟通方面，通过对专家进行问卷调查以及交流访谈可知，在 H 高校政府采购内控活动中，信息与沟通方面仍存在以下几点问题：

（一）缺乏专人管理信息公开网站

H 高校虽然在网站上设立了信息公开栏目，但由于缺乏专项管理网站的负责人对该网站进行管理，致使 H 高校对于政府采购信息的更新以及网站系统的维护不及时，因此，该信息公开网站关于政府采购的信息过于陈旧，无法确保采购信息的时效性，在一定程度上失去了参考价值，从而导致 H 高校政府采购内部控制活动在贯彻落实时出现信息交流与沟通不通畅的问题。

（二）信息沟通系统不健全

H 高校政府采购内部控制的实行过程中需要财务处、审计处等多个部门相互协调、相互交流，才能确保政府采购内部控制工作有条不紊的发生，但目前 H 高校政府采购内部控制工作所涉及的各个部门之间独立性较强，无法实现各个部门在政府采购内控工作中信息及时沟通与共享，导致各部门中的工作人员在理解其他部门的工作内容、工作方法以及规则制度等事项时主观性较强，因此，在处理需要各部门之间相互协调、沟通合作的工作时常常出现交流不及时、配合度不高等问题，从而增加了工作处理程序，降低了工作效率。

（三）缺乏数字化信息系统建设

H 高校政府采购信息交流与传达过程中，由于缺乏数字化信息系统建设，不仅使得相关部门日常工作中经常出现相关资源信息共享不及

时、采购信息更新缓慢等情况,导致业务经办人多次往返于各部门之间,造成工作效率低下,而且在对纸质文档材料进行归纳存储时需要占用较大的空间面积,难以形成系统的数据库以备日后快速查找所需文档。

(四)采购信息公开程度不够

H 高校政府采购信息对外公开方面,在采购限额以上的、法律法规要求采用公开招标或竞争性谈判等方式采购的[133],都能按照要求在省级以上人民政府财政部门指定的媒体发布招标公告、中标公告和成交公告等信息,所有人可根据关键字查询。但零星采购或采购限额以下通过自行委托等方式采购的,只有在预决算公开报告中能通过报表或说明笼统地了解,但无法知道具体采购了什么物品、货物、服务。对内公开方面,同样没有规定需要在内部 OA 系统或张贴公告等方式公开采购情况,单位职工没有渠道了解具体采购情况。

五、H 高校政府采购内部监督方面问题

由 H 高校政府采购内部控制有效性评价分析,可知在监督方面,总体得分为 80.1410 分,虽在政府采购内部控制评价指标等级中处于"较好"水平,但该指标在五要素中评分最低,说明 H 高校在监督方面存在一定的问题,有待进一步完善。通过对专家打分情况与 H 高校在监督方面的实际情况进行深入分析,发现其中主要存在以下几点问题:

(一)缺乏独立的政府采购监督检查部门

目前 H 高校尚未设立独立的政府采购内部控制活动的监督检查部门,只是在招标采购时由纪检监察处负责对学校招标采购活动过程中对于招标采购的法律、行政法规以及学校规章制度的执行情况、采购范围、方式和程序的执行情况、采购合同的执行情况进行监督检查,另

外，学校审计部门，由于缺少足够的专业人员，仅只对政府采购的费用及合同进行审核，缺少主动对内控制度是否健全，内部控制制度是否有效执行，员工是否严格执行公司的各种规章制度进行评估。因此，H高校政府采购内部控制中的监督机制，还是只存于表面，在政府采购的内部控制活动中未充分发挥作用，缺乏合理的监督评估机制。

（二）监督不全面

H高校政府采购纪检监察处在检查或考核时，主要集中于事中监督，更喜欢关注如下事项：一是金额较大、流程较长、时间较久的项目，对于小金额的普通采购不以为然，但其实办公用品、日常维护维修等发生频率更高、次数更多，如果放松了对这一类采购的监督，则有可能出现采购人员和相熟的供应商互相串通、从而导致单位资金被挪用或高价买次品等情况；二是更关注采购时选择的采购方式是否合理，是否有同一个项目分批次采购而规避公开招标的情况、采购项目是否超预算、开评标时是否有足够专家共同参与采购前、采购中的事项，对于采购后验收是否按规定开展，档案是否及时归档、合理保存等往往不太重视。

（三）缺乏定期检查

《财政部关于加强政府采购活动内部控制管理的指导意见》要求，主管单位应当定期对所属单位政府采购活动进行内部检查，但近几年来，H高校尚未开展对直属单位的专项采购内部检查，只是在日常检查财务档案时顺便检查采购相关凭证，但主要还是针对差旅费、培训费、"三公"经费开展检查，未能全面掌握采购工作实际情况。除此之外，这类检查只是财务部门内部开展的自查自纠，需求部门及纪检部门、采购小组均未参与，特殊项目采购无法通过简单查看凭证即发现问题，也没有权威命令有异议的项目采购人补充说明采购情况，即便该项目所在的直属单位财务人员转达要求，需求部门人员也未必积极配合。

第七章

H 高校政府采购内部控制的优化方案

前两章以 COSO 五要素为基础，结合当前 H 高校政府采购存在的问题，分析和查找 H 高校政府采购内控制度的有效性、存在的问题及原因，本章将在此基础上，提出优化和完善 H 高校政府采购内部控制方案。

第一节　H 高校政府采购内部控制改进的目标

H 高校作为一家具有教学科研职能的机构，其政府采购业务具有复杂的种类，其内部控制和改进工作应该是有的放矢、有明确的内部控制改善的目标，即希望内部控制改善之后应该达到什么程度及政府采购内部控制改进工作努力方向。

一、保证优质高效开展采购活动

"质量高、效率高"的采购包含下列要求：

（1）采购结果的高质量。完善的内控措施，能使采购的商品、服务、项目在供货、安装及时、质量优良的情况下，充分满足使用部门的需求；

（2）高效的采购流程。以完善的采购文件编制为基础，通过有效的内部流程管理改进，确保采购流程简洁高效，高效利用采购时间；

（3）遵循法律法规的采购行为。首先是有效性，即政府采购的内控措施必须与 H 院校的政府采购工作高度一致，以便在实施过程中有效地控制政府采购的流程。其次是一致性，意味着设计出来的管理章程必须建立在国家政府采购法律体系基础之上，并与国家及各部门的法律法规保持一致。

二、做到科学有序地编制预算和计划

采购预算是最能直观地反映采购需求方对一个预算年度单位采购规模、品目和项目的采购计划和采购预算。H 高校的政府采购内控流程的完善，是为了使采购预算编制不走样，重大项目论证及时，进口产品申报合规，从源头上规范 H 高校政府采购预算和采购计划的编制。

三、实现部门之间、岗位之间的平衡和效率

政府采购内部控制流程的完善，就是为了从采购的各个环节中，明确各个部门的责任和能够行使的权力。专人专岗，专职专责，通过内控流程，迅速确定责任部门的职责岗位，在采购过程中发生的责任事件马上找到解决的办法，确保采购业务有序开展。H 高校政府采购就是要从采购立项、到采购执行、签订合同、处理投诉等各个环节所涉及的各职能部门和岗位，都能明确各科室在采购各环节所应负有的责任及可行使的权力[134]。

四、实现采购过程的有效控制

在具体内部控制改进方面，首先需专注于提升学校层面的政府采购内部控制环境，以便更有效地改善学校内部治理中的政府采购内部控制环境；其次，我们需要对学校的政府采购业务流程进行改造，特别是在内部控制的完善方面，确保在采购流程中实现内部控制的全面覆盖。即在完善政府采购内部控制体系设计中，横向上、涵盖学校各个职能部门的各级行政人员；纵向上、全面覆盖学校政府采购业务全流程；并且在具体分工上，要把政府采购预算编制—政府采购计划编制—采购执行—

合同签订—履约验收—监督反馈的业务流程贯穿于整个控制过程中。

五、建立实现全流程采购的数据链

建立贯穿采购全过程、覆盖采购全部门的数据链，是高校政府采购内控流程改造设计的最终目标之一。要实现这一目标，不仅仅是实现H高校采购管理信息化建设，更重要的是实现财务管理系统、国资管理系统、办公管理系统、采购管理系统等各个部门之间的数据互通。构建一条涵盖采购预算编制、采购计划制定、货物、服务及工程采购、资产入账及支付处理等各个环节的数据链，使各部门对采购过程有更好的认识和监督。全流程采购的信息汇总如图7-1所示：

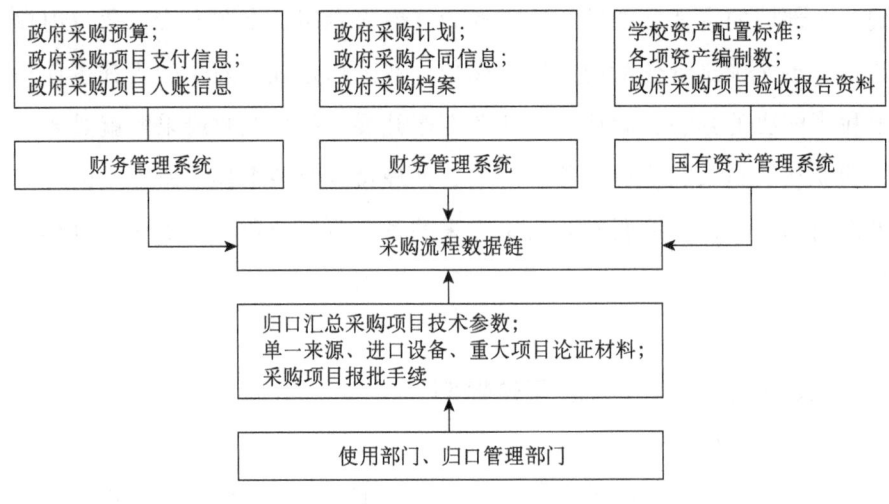

图7-1 采购信息汇总图

第二节 H高校政府采购内部控制改进的原则

内控改进原则是完善内控制度过程中应当遵循的准则和依据，它能够达到突出重点、全面控制H高校政府采购内控综合水平的目的。为实现高校政府采购内部控制的目标，发挥内部控制在高校政府采购中的重要作用，在建立和实施内部控制系统时，应坚持如下优化改进原则：

一、合规合法原则

H高校在政府采购的内部控制流程改进中，应严格按照《中华人民共和国政府采购法》《中华人民共和国政府采购法实施条例》及《行政事业单位内部控制规范（试行）》的要求执行[135]，并依据上述法律法规中的指导原则，确保流程设计有明确的法律依据和规范可遵循。

二、全面性原则

在优化H高校的政府采购内部控制体系时，需要遵循全面性原则，确保对所有相关业务、执行部门及其工作人员进行全面监督与管理。通过将治理层和管理层纳入监控范围，确保内部控制体系的优化具备全员参与和全面覆盖的特性。

三、重要性原则

在完善政府采购内控流程上，要做到"突出采购中的重大事项，在采购过程中突出重要节点，在采购管理工作中突出重要岗位、重要部门，在采购执行过程中实施全面监控"的原则。如重大采购事项中的决策制度的确立、采购计划及预算编制中的专人专岗、立项阶段的论证工作、招标阶段的有关文件制作工作、项目合同签订、工程履约验收等重要环节工作，都必须实施全面监控。

四、制衡性原则

在完善和设计政府采购内部流程的各个环节上,都必须把岗位设置和尽职到位作为工作的重点,对不相容的岗位,在岗位设计上要做到分设岗位,各尽其责,使岗位设计工作有章可循,具体到 H 高校来说,就是要做到项目采购前论证和决策体系分开、决策机构和执行机构分开、采购实施和合同签订职能分开、履约和受理职能分开、采购管理和采购监管职能分开,这样才能解决政府采购业务中,各部门、各环节职责主体不清、缺位和责任追究不到位等弊端。

五、结果导向原则

政府的采购的最终目的是如何合理运用财政性资金,采购到符合采购人需求的商品、服务及工程。因此,在采购内控流程的设计上,必须坚持以高质量的采购结果为目标的原则,一定要避免"为控制而控制、为避免责任而控制"。

六、简明高效原则

H 高校政府采购内部控制流程改进设计,要讲究简明扼要、行之有效的原则,立足于基本目标的实现。目前,在各级行政事业单位的管理理念中,简政放权的概念逐步向纵深方向发展,在有效管理的同时也要避免过分集中权力责任的现象发生。在"放管服"背景下,政府采购内部控制的流程改进设计应注重精准性和简洁性。

第三节 完善内部控制环境

内部控制机制的建立依赖于一个健康的控制环境，而环境因素则构成了所有其他因素的基础。内部控制环境主要是针对高校政府采购业务的特点，采取内部控制等措施，主要涉及学校行政文化、机构设置和权责运行机制三个方面的内容。H高校要通过理顺工作体制机制，做好顶层设计和决策部署，进一步优化政府采购内控环境，健全政府采购内控领导小组和实施部门、监察部门、行风评议机构等机构。具体包括：

一、合理设置政府采购管理机构

为确保学校政府采购活动有条不紊地开展，H高校应成立专门的政府采购管理部门，按照以下两个原则，对学院的所有采购业务进行统一归口、统一办理，以确保学校政府采购活动的有序开展。

一是相互牵制，做到经手业务经办人员有两人或两人以上，严禁一人多岗，决策权、执行权、监督权通过权力制衡制度相互分离，对采购岗位形成制约，降低廉政风险。

二是保证效率，岗位的互相牵制、分离应当设置在不相容岗位之间，无需在所有岗位中执行该要求。不相容岗位包括编制和复核采购需求，编制采购文件及复核，合同签订和验收，验收保管，审核支付及执行采购，监督落实情况。

二、科学设置各业务部门职责和权限，并强化关键人员管理

H高校要按"相互制衡、权责对等"的原则，进一步明确各个工

作岗位责任主体之间的权限和职责,并选择综合素质和专业素质过硬的人配备到政府采购内部控制关键岗位上来。部门职责表划分见表7-1:

表7-1　　　　　　　　　部门职责划分表

部门	岗位	职责
各行政部门及二级学院	经办岗/负责人	(1) 提出采购需求,根据本年度工作情况编制采购预算; (2) 对采购预算进行审核的处室负责人。
招标办公室	预算编制岗	(1) 做好年度预算的汇总和上报工作; (2) 编制《政府采购计划变更审批表》和确定政府采购方式。
招标办公室	采购管理岗	(1) 审查二级采购需求部门录入的采购资料、招标文件、单一来源及评审工作组名单等相关资料; (2) 选择招标代理机构,并选取校内评审专家; (3) 构成评标委员会,按照招标文件确定的评标标准和方法,由评标委员会对投标文件进行详细的评标,确定中标人推荐的先后次序[136]; (4) 自购于协议供货电子交易平台; (5) 起草质疑答复,接收质疑函; (6) 备齐申购记录资料,履行记录程序。
计划财务处	预算管理岗	(1) 审核预算编制报表; (2) 审核采购计划; (3) 拟定部门年度预算编报计划安排; (4) 上报采购预算及计划至教育厅。
采购领导小组		(1) 审核通过采购内部控制制度、采购预算和采购计划、参与内部重大采购讨论及决策、政府采购内控制度执行情况监督、其他政府采购决议及决策等工作[137]; (2) 领导小组由主要负责人担任组长,负责采购工作的校领导担任副组长,成员组成包括采购小组、需求部门及财务、审计和纪检等方面的人员,负责采购事务的管理。

续表

部门	岗位	职责
采购监督小组	内部审计部门	（1）建立和完善监督检查采购管理机制； （2）政府采购有关法律法规的执行监督检查； （3）评价监督政府采购内部控制执行情况； 采购活动开展内部审计工作，以此监督检查各部门执行采购内部决策是否合法合规，及时就违法违规行为提出审计整改意见。
	法律部门	（1）负责组织防范可能出现的采购法律风险，就健全内控制度提出建议； （2）负责采购合同及其他文件的合法性审查，参与内部决策，审查采购需求、采购标书、委托代理合同、采购合同等事项的合法性，出具审查意见。
	分管校领导	审查《采购申请书》《采购计划书》《招标书》《答复质疑函》
校党委		对采购执行方案进行审查，对招标文件进行招标，对文件进行质询回复，对投诉回复意见。

三、进一步完善政府采购内部控制管理制度

H 高校需要从完善制度层面入手，来实行内部控制。修订制度的工作应该由 H 高校的政府采购内部控制领导小组主持，全体工作不应由招标办公室单独负责，需要所有与政府采购业务相关的部门成员都对修订业务制度提供思路和建议。

H 高校在完善单位层面制度的过程中，需要对已有的制度文件进行先行审查，对照上级文件要求，对存在的风险评估制度、信息沟通制度、机构组织建设工作、关键岗位设置等制度逐一进行把关，对已有文件和单位层面缺乏的制度进行厘清，对文件中存在的不完善、不合理的问题进行明确，对已有文件和单位层面缺乏的制度补充制度层面的空白和漏洞，如发文要求建立风险评估机构，建立健全政府采购内部控制补

充领导小组，完善政府采购内部控制关键岗位设置，如不严格执行政府采购制度，将追究责任机制。

H高校在完善业务层体系的过程中，要将业务层内部控制的重点适当转移，变过去只管支付管控为主，转变为政府采购内部控制的重点与难点上，如政府采购预算的编制、采购业务计划和管理，采购实施过程、验收结算过程等。

四、强化政府采购内控培训

本单位政府采购内控培训工作由于H高校现阶段存在员工内控知识欠缺等问题，应加大力度，建立健全组织培训制度，科学合理规划培训内容。

一是要提高培训的自主性与趣味性。要从H高校政府采购的实际情况出发制定培训计划，可以通过邀请内控专家开展讲座、研讨会，并建立H高校内部学习小组等方式使学习常态化、长期化，通过组织政府采购内控知识考试，为表现优异者颁发礼品或给予奖金，从而提高培训的自主性和趣味性。

二是强化训练内容的综合性。政府采购工作的特殊性对采购人员的法律素质、业务素质要求比较高，因此在H高校政府采购工作业务培训中，必须要兼顾到这两个方面。首先是要加强内控法规培训。定期组织政府采购责任领导及具体经办人进行相关采购法规学习。这样一方面可以让业务人员了解最新的法律政策规定，避免审批决策、经办执行时触碰法律红线；另一方面也能让责任领导、经办人员意识到加强政府采购内部控制不仅仅是工作要求，更是法律要求。其次要加强内控业务培训。对政府采购预算的编制、招投标、验收、资金发放、档案管理等重点环节，H高校都要重点加强专题培训，不断提升采购经办人员的业务水平，使政府采购工作效率得到提高，切实加强政府采购预算计划的编制管理、招投标管理、验收等环节管理。

第四节 建立和完善风险评估机制

按照《教育部直属高校经济活动内部（控制）指南（试行）》规定，高校政府采购业务内部控制的目标是保证学校政府采购业务合法、合规，切实做到防微杜渐、预防腐败，提高财政资金使用效益。为实现上述目标，政府采购业务风险防范措施主要有以下几项：

一、组建采购业务风险评估小组

近年来，H高校政府采购的规模不断扩大，采购的种类不断增多，面对复杂的市场环境，更容易出现由于信息不对称带来的风险。因此，应成立专业的采购业务风险评估小组，成员可由学校党委书记、校长担任主要负责人，纪检监察室、计财处、审计处、国有资产经营管理处等相关部门的工作人员担任小组成员，全面统筹协调风险评估的相关工作，评估小组应当在采购申请环节、招投标等环节对采购业务风险进行评估与控制，不断加强对整个市场环境的了解，减少信息不对称带来的风险。同时应当组织并监督政府采购相关部门开展风险评估活动，根据评估结果有针对性的对各个环节进行调整，确保内部控制工作的有效性。

风险评估工作组的主要职责是：识别采购业务中的风险点，并编制风险评估表。风险评估表主要是对识别出来的风险因素、可实施的控制措施及相关责任部门等进行详细的风险描述和认定。政府采购风险识别表见表7-2。

表7-2 政府采购风险识别表

风险点	风险描述	风险级别	控制要素	控制措施	责任部门/责任人
无预算、超预算支出风险	未按预算采购、超过预算批复控制编制采购方案	高	采购预算申请表；需求收集论证	(1) 按照预算批复控制数执行采购；(2) 各科室负责人等审查购买计划；(3) 要求进行采购需求论证	各处室/分管领导/校长
采购计划与预算不符风险	采购需求部门提出的采购需求不符合学校实际，或不符合相关规定	高	政府采购实施计划表	(1) 要完整反映政府采购预算，不得擅自调整、拆分预算；(2) 编制同一政府采购预算中的单个采购品目实施计划	各部门/各二级学院
采购方式选择风险	规避公开招标，不符合规定采取单一来源等采购方式	中	政府采购制度；监督职责	(1) 严格按照《H高校政府采购制度》规定执行；(2) 监督小组按照职责监管招标方式	招标办公室
代理机构选取风险	代理机构资质不符，影响采购活动；代理机构可能与采购人员串通，影响中标结果	高	代理机构委托协议	(1) 在选取代理机构前充分了解机构的资质与水平；(2) 加强采购人员法律法规的学习，提高采购人员道德水平	各处室负责人
专家选取风险	选取评标专家并非随机，可能存在与供应商串通的风险；专家专业背景不符影响公正性	高	专家管理办法	(1) 在评审专家库中对专家候选人随机抽取；(2) 积极扩大专家库以吸收更多专业背景人才	各处室负责人
验收结果与实际不符风险	政府采购验收报告未能如实反映实际政府采购活动的情况与结果	高	验收报告	(1) 对重要采购项目事项履约情况进行准确、详细记载；(2) 由验收小组与供货商签署验收报告书，验收报告由验收小组成员的个人验收记录和个人验收意见构成	验收小组

二、分析风险,制定风险等级

高校政府采购业务风险主要来自于两个层面,一个是单位层面的环境控制风险;另一个是各个环节的风险,比如采购预算、采购方式、采购需求、招标评审、采购合同、履约验收等。风险分析(Risk Analysis)是把已识别的风险或将要发生的概率、影响程度、可承受的风险范围等因素结合定量、定性地加以分析,并将相应的风险等级划分为若干个层次。如政府采购内部控制过程中的风险等级,可根据风险发生的可能性分为几个等级:极低风险、低风险、中等风险、高风险、极高风险。政府采购风险评级表是以矩阵表格中标记风险发生的概率来确定发生风险所造成的影响程度。风险评估工作组就可以根据该风险识别过程中所收集到的政府采购的各流程节点来判断主要负责部门或者岗位,并对可能存在的风险因素及其发生的概率加以分析,从而做出相应的判断,有助于进一步追究责任的办理。政府采购风险评级表见表7-3:

表7-3 政府采购风险评级表

风险识别	风险评价								
	发生概率					影响程度			
政府采购风险	极低	低	中	高	极高	轻微	较低	中等	重大	特大
政府采购申请与审批										
政府采购实施										
政府采购验收										
政府采购支付										

三、重视风险评估的动态管理

风险评估工作组要根据政府采购相关法律法规和政策的变化,根据

H高校政府采购业务的变化情况，对风险评估实现动态管理。具体地说，就是一旦发现业务可能产生新的风险点，应及时将其纳入风险排查表，利用定期与不定期相结合的风险排查机制，对风险评估的内容和标准及时进行修订，对具体风险加强应对措施，对风险排查表进行同步更新，并建立动态的风险评估管理体系。

四、更新和完善风险应对策略

H高校要根据实际情况，充分考虑政府采购的风险评估结果完善风险评估办法和应对机制，改进风险评估方式。审计处、招标办、计财处等有关部门要针对历史风险中采取的应对策略和取得的成效，针对防范不到位、处置不当等问题，对以往的采购业务进行梳理，总结成功经验，作出相应改进，完善风险应对策略。

第五节　强化控制活动

一、优化预算需求论证流程

在高校整体预算中，政府采购预算是其中的重要一环。高校要重视政府采购预算，如此这样，才能合理地确定预算数据来源。采购申请部门按照采购计划和项目估算的资金用途编制《大宗物资政府采购项目备案表》，然后将其送招标办公室，各部门上报的预算计划按计划财务处分配的相应项目预算额度进行审核，并要求其提供相应的配套文件，以此来说明对该采购项目进行采购的必要性及对该项目的支出额度进行合理性的证明。同时加强对预算编制岗、预算审批岗、各科室资产管理员、各科室项目及项目负责人等各相关岗位人员之间的沟通与协调。确保预算编制人员能够及时、充分地了解各科室的实际采购需求及相关资产的更新或处置情况，同时掌握各项用途和款项支付进度的基本要求，全面考虑学校当年的工作需求。提前制定本年度的应急预算规划，力求减少预算编制与实际采购之间的差距。H 高校政府采购业务需求论证的优化流程如图 7-2 所示。

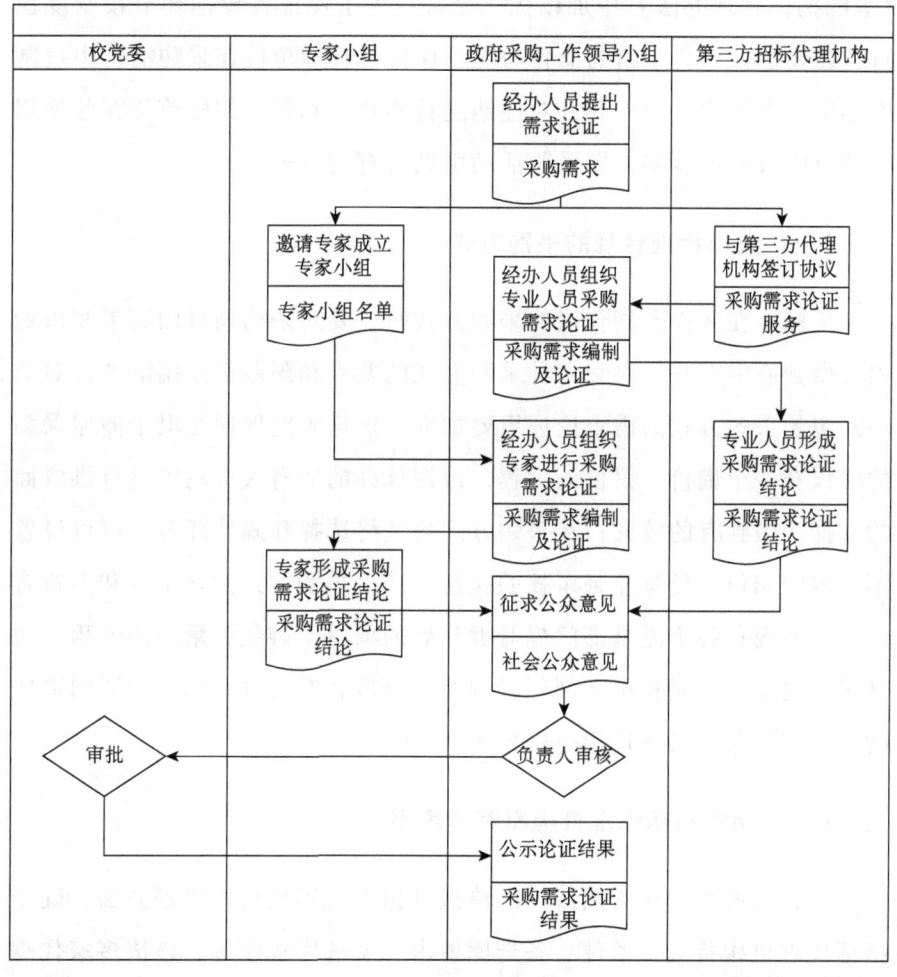

图 7-2　需求论证流程图

二、完善政府采购流程细节

尽管 H 大学制定了采购的有关制度，并且有《招标采购管理办法》，但由于学校内部有很多部门，各部门的管理也有自己的规章制度，致使采购活动在某些方面要求不尽一致，责任范围不明确，有的采购需求达不到采购要求或原则，为此，在以下五个方面还需进一步在《采购招标管理办法》中加以优化完善：为了保证各招标环节按制度执行，还要加大监督小组的监督力度，保证各投标单位在采购活动中按制度办事，在采购活动中有针对性地进行监督，确保各招标单位在各项招标环节中按制度落实，在采购活动中做到有的放矢。

（一）选择合理合规的采购方式

招标办在选择合理合规的采购方式时，要对采购项目的需求和采购内容做到心中有数。对每一种采购方式的要求和限制都要搞清楚，对单一来源的采购方式的需求论证更要加强，这样才能保证在电子商城采购的时候有一个询价、议价的过程，由招标办的所有人员轮流进行供应商的选择，做到有的放矢；在采购方式的最终选择和确认环节，可以设置不相容的岗位，负责监督审核的执行，减少采购方式的自主性和不符合条件的情况；各个需求部门规避拆分后的项目，避免了繁琐的流程，而且采购周期长；避免由于部门采购业务分散、源头确认单一等原因造成的不合理现象。具体适用范围见表 7-4。

（二）制定招标代理机构库管理程序

结合政府采购相关法律，起草拟订招标代理机构库管理办法，确定招标代理机构备选库条件、备选库要求、备选库程序等，邀请多家代理机构到 H 高校备案入库。《招标代理机构库管理办法》对招标代理机构

表7-4　　　　　　　　　政府采购方式适用表

采购方式	适用范围	特点
公开招标	所有采购品类均可采用	适合金额较大，参数比较复杂的项目；合格竞买单位数量不足时，可就地转为竞买方式进行竞买；耗费时间更长的项目
竞争性谈判	低于公开招标限额的采购项目；经重新招标后供应商无投标或无合格标的物；难以确定具体参数、复杂技术或特殊性质；无法达到确定的总价	以有效最低价评标法进行评审，对货物、工程、服务招标采购需求编制要求较高，时间紧迫
竞争性磋商	这种方式最初仅限于服务类项目，适用于公开招标限额以下的采购项目，也适用于2018年开始的货运类项目	在保证采购质量的前提下，结合了竞争性谈判的高效和公开招标的评审方式，可以加快采购执行速度，但对合格投标单位（服务类不少于2家，商品类不少于3家）的数量要求较高
单一来源	从唯一供应商处采购；发生不可预见的情况，从其他供货商处采购是不方便的；对同一项目追加采购资金不超过原合同金额10%的，应保证采购项目的一致性[138]	项目实施需经过部门咨询、专家论证后方可实施，超出额度需报省级财政部门批准，在省级采购门户网站上挂网5个工作日后，无异议后方可实施
邀请招标	因采购货物和服务的特殊性，只能向特定范围内的供货商采购，过大的费用通过公开招标的方式进行采购	一般不常用
询价	对大宗耗材采购没有明确规定的商品类别、项目公告时间，商品规格统一、标准统一、价格变动较小	大宗耗材采购
网上商城	小额零星维修的工程项目；频繁发生的小额采购项目	网上商城供应商中选取

的抽取方法作了明确规定,严格遵守招标代理机构随机抽取的规则,即在所有代理机构中按随机循环抽取进行,并在抽取代理机构时,要求监察小组对抽取过程进行监察。招标办要定期检查各代理机构联络人是否存在冒名顶替、代理机构是否存在违反规定的违约行为,防止招标点欺诈行为发生,同时对招标代理机构的招投标工作实行全程监督,防止出现同投标者串标、围标等违规现象。代理机构管理流程如图7-3所示。

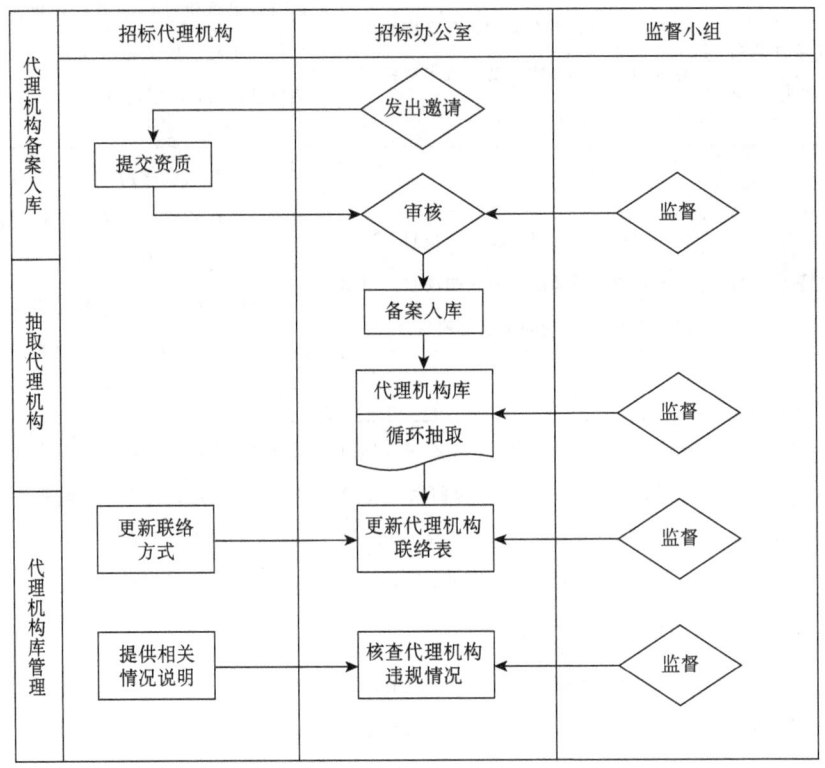

图7-3 代理机构管理流程图

（三）优化校内专家库管理方法

管理办法的优化可以从以下两个方面进行:

1. 严格选拔阅卷专家

以评标为核心的招标工作，围绕评标开展各项工作包括前期审批、组织、资料准备等。在政府采购中，评标专家的专业背景及综合能力对于评标工作有着至关重要的影响，其公平、公正、透明，程序合理，将直接影响着采购结果评工作。因此，H高校内部评标专家库管理办法要根据国家发改委令第26号《评标专家和评标专家库管理办法》，在补充相关专业背景的基础上，针对不同项目的需求，对专家候选人的入库资格作出明确规定，对专家候选人的入库资格进行严格的资格审查；明确在校内抽取专家的方法，即在其他专业的专家中随机抽取，在专业一致的专家中轮流抽取，协同完成评标工作，既避免了由于人为选择造成的不规范现象的发生，又避免了在评标工作中出现其他专业的专家操作不规范的现象，同时还可以采取从其他高校抽调相关专业评审专家的办法来扩大专家库范围，增强评审的客观公正性，提高评审的客观公正程度。

2. 定期对专家进行考核

建立评标专家管理档案。由监督小组记录、综合评定专家在开标、评标过程中的评标能力、工作经历及主持公允性，加强对综合等级较强的人员激励、淘汰综合等级较差的人员。专家库管理流程如图7-4所示。

（四）健全组织受理流程，设置差别化受理体系

H高校根据学校实际情况，对不同项目采购目标的验收程序制定了程序化的政府采购项目验收流程，并严格按计划执行。H高校目前验收流程是：由项目采购方担任验收负责人，统一分工，安排验收成员，参与验收工作的其他成员负责组织协调采购项目验收实施、检验评价采购标的物等工作，重点检查商品外观、品牌、型号、数量、参数、规格等是否符合合同规定的要求，并填写《H高校货物类验收单》和《H高

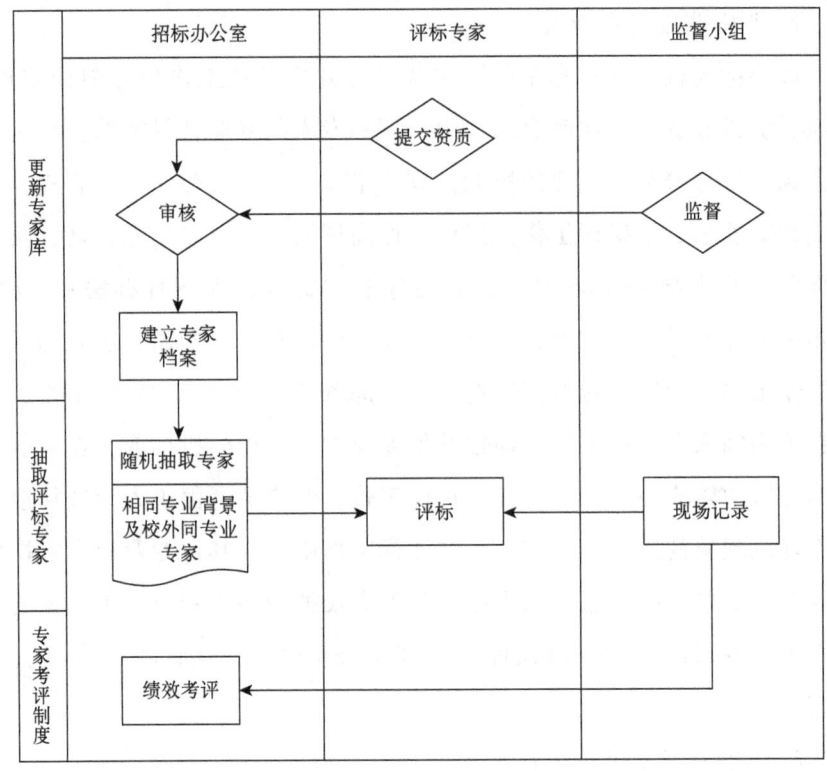

图 7-4 专家库管理流程图

校项目验收报告》。各小组成员在验收单上对参加验收工作的模块是否发现问题作出说明并签字确认。计划财务处按合同约定支付采购资金的金额和付款期限。H 高校政府采购验收与支付管理流程如图 7-5 所示。

  鉴于 H 高校的采购项目涵盖多个专业领域，因此，针对不同类型的采购项目，应在方案中明确制定总体的验收工作目标，并制定详细的验收方案，并在方案中明确各院校采购项目的总体验收工作目标。根据验收人员的专业背景和验收标的物的最终状态等因素，设定不同的标准。为确保验收工作的规范性，可以在采购合同和招标文件中清楚地列明验收要求以及各方需履行的职责，同时建立差异化的验收制度。差异化验收标准如图 7-6 所示。

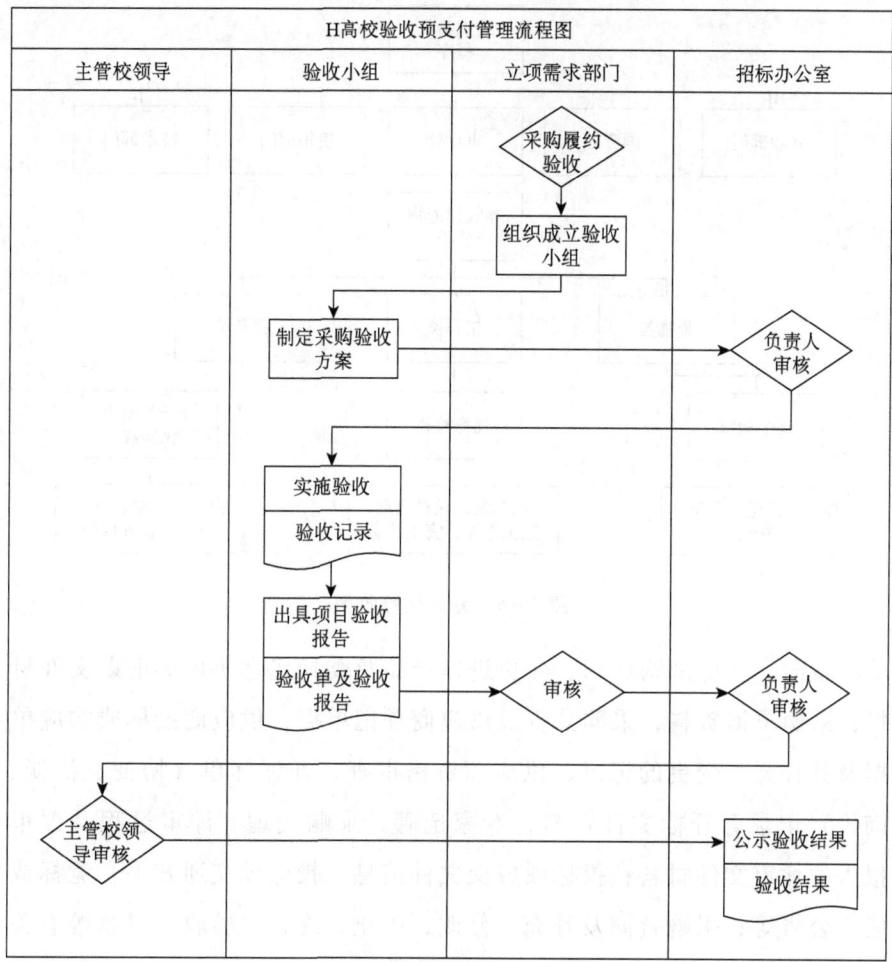

图 7-5 H 高校政府采购验收与支付管理流程图

(五) 加强采购档案的管理

采购档案记录了整个招投标过程,也是内监、外审政府采购业务时的重要证据,可以为今后的信息查询、统计分析等工作提供依据,因此必须加强档案管理。

H 高校要按照"规范填写、内容齐全、真实有效、原件归档"的要求归集采购档案。明确建档文件包括采购预算、采购需求论证、公开

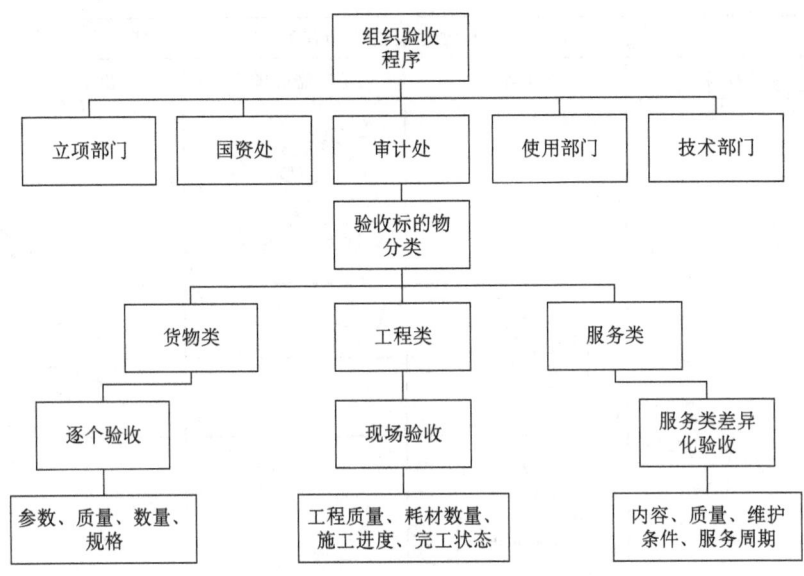

图 7-6 差异化验收图

采购意向、变更采购计划、变更进口产品及委托代理协议等前期文件材料；采购单据资料，采购公告及供应商登记单据；供应商投标或响应单据及其补充、变更的记录，供应商资格审查，开评标单（协商、洽谈、询价）记录等开标文件资料；专家选聘、采购代理、评审过程及评审报告的评审文件材料；投标或成交文件信息，投标成交通知书，竞标或成交公告等；采购合同及补充，修改，中止，终止，验收，付款等有关文件。质询回复，投诉处理等书面材料和其他文件。通过电子卖场、线下采购等方式开展的采购档案，则由办公室统一收集归档、按年度整理成册，归档文件包括前期的采购计划、采购意向公开，中期的申请采购文件、审批记录，后期的验收单、票据复印件及付款凭证、保修期零部件或整体更换记录等。采购项目验收后，经办人根据不同项目分别归档，然后就手里现有的采购文件进行汇总和整理，按年度移交单位的档案室。单位档案室内有专门用于存储采购相关文件的档案柜，采购文件用档案盒装好，在档案首页标明该卷档案的具体信息和档案涵盖的具体文件，在档案盒上标注归属部门、归档时间、档案号等，分别按年份摆放保存。此外，采用电脑集成技术对采购文件进行电子档案的形式进行保存，方便日后查阅时查找有关文件，加快采购档案信息化建设。因此，每一次政府采购项目完成后，H 高校都要完成对所有纸质采购文件的自动识别、上传、转换、存储、共享等信息化管理。

（六）完善询问、质疑与投诉规范化处理措施

供应商询问、质疑及投诉，由采购小组牵头组织、具体负责采购人出面答复那部分，其他的部分或由代理机构根据规章制度对应由代理机关答复；涉及采购需求及采购计划询问、疑问及投诉，由需求部门负责提供证明材料；法律部门负责为答复提供合法性审查意见，为法律层面提供政策性依据。具体流程如图 7-7 所示。

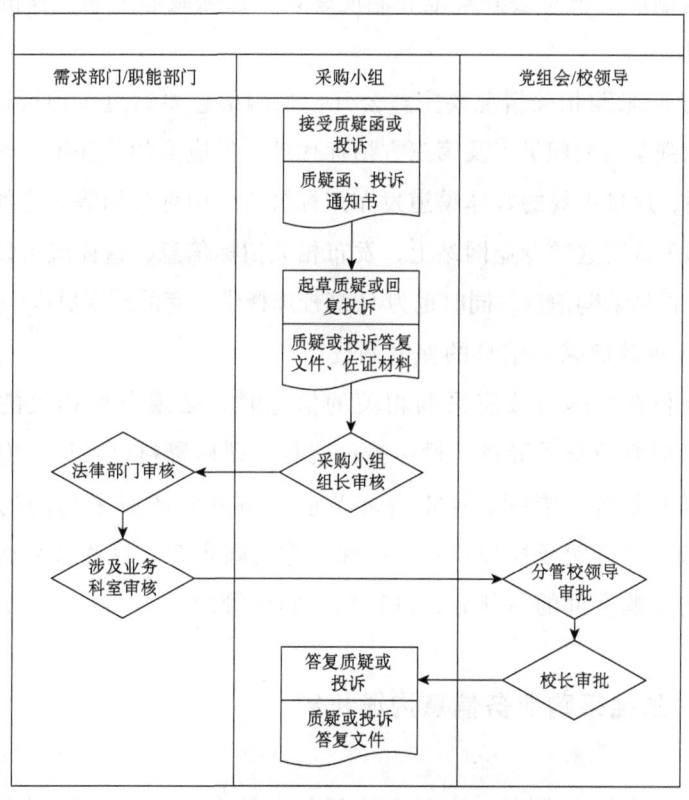

图 7-7 质疑与投诉答复流程图

第六节　完善信息与沟通

一、建立政府采购信息公开机制

信息披露是内部控制的重要手段，H高校需要进一步完善现有的信息公开制度中的政府采购部分，增强信息公开的规范性和制度性，建立长效的公开机制。H高校应在政府采购的各个环节中，进一步完善现有政府采购制度的信息公开规范和制度建设，加强政府采购工作的规范性和制度性。

1. 政府采购相关情况要完整公开，采购信息要通过多种渠道发布

为增强学校教职员工及第三方招标代理、供应商的信任度，确保信息公开透明，通过正规的媒体渠道发布招标公告、中标公示等。比如在招标网或中国采购网这样专业网站上，发布相关招标信息，这样既可以为更多的供应商提供采购信息，同时也为H高校选择供应商的范围更广一些。

2. 重视政府采购信息的保密制度

H高校在披露与政府采购相关的信息时，必须遵循相关的保密规定，对供应商的资质资料、投标报价资料、评标资料以及评审专家资料等进行保密处理。唱标、评审等环节应严格遵循政府采购法的相关规定，实施全程音频或视频录制，确保影像清晰可辨。这些音频或录像资料将作为采购文件的一部分，进行统一归档管理。

二、加强采购业务信息沟通机制

在政府采购业务中，许多高校都存在各个部门沟通协调不畅的问

题。在制定业务流程时，往往只考虑自身部门的需求，导致职能部门之间的信息不对称，从而使得业务流程难以实现有效衔接。内部控制作用难以充分体现。鉴于此，H高校要充分发挥好政府采购内部控制领导小组的作用，使之成为各部门之间关于政府采购内部控制工作的沟通枢纽，起到沟通上下、协调各方的作用，如果下级有关于单位政府采购内部控制的建议意见或者问题需要向上级及时反馈，可以告知政府采购内部控制小组，再由领导小组反馈至单位的领导层面。

三、加强信息系统化建设

信息系统既是信息传递的工具，又是业务流程固化的手段，是信息系统的组成部分。政府采购信息化系统的建设，可以有效地减少人为的干预，提高工作效率。因此H高校可以与软件公司合作，在现有综合办公平台的基础上，将政府采购业务的关键流程和环节嵌入到平台中，如采购论证、立项及预算编制、招投标管理、合同管理、履约验收、资产管理和资金支付等，同时对模块的操作权限进行分级管理设置，通过系统实现不相容职务的分离，避免决策交叉问题，最终通过信息系统实现决策、执行、监督全过程，真正实现对政府采购业务的全程电子化管控。

第七节　强化内外监督力度

建立畅通的问题反馈和受理渠道，发挥内审、纪检、监察等部门的监督作用，通过增加常规和专项检查、审计、评估采购执行情况和监督工作情况，设立监督电话或投诉信箱等多种方式发现问题，做到有分析、有预判、有管理、能处置风险隐患。

一、完善采购业务内部监督机制

H高校已成立监督小组,由校纪委书记担任组长,纪检监察室与工会等部门担任成员,负责监督招标文件及招标流程、合同的形成及其文本、工程质量及变更等事项。政府采购工作中的情况包括经济签证的进展、成本控制、合同履行、验收以及决算审计等。并从第三方的角度主动认定采购中存在的不合理或其他不正当的地方,对大宗物资采购的招标文件、招标过程等经济活动的监督程序进行监督。

H高校由于督导小组工作人员缺乏相关专业知识水平,对督导工作掌握不够,对政府采购工作风险点控制模糊,对督导过程中"查什么、怎么查"不了解,对采购督导工作中"改什么、怎么改"导致的疏漏问题更是一问三不知。因此,完善的监管机制对稳定有效的政府采购内部控制起到决定性作用,保证采购各环节不出现不规范的情况,健全的监管机制同样也可以有效规避潜在风险的产生可能。

1. 突出重点,对政府采购业务进行事前、事中及事后的全流程监控

事前监督主要是监督采购预算编制的准确性,以及采购计划制定的合理性,它们是事前监督的主要手段。要强化预算编制人员对预算管理的相关意识,消除他们对预算工作随意性的想法,提高他们对预算编制工作的重视程度;事中监督主要是关注不同参与方在采购活动实施过程中的各种情况,包括但不限于对招标办组织的招标过程是否合规进行监督;监督供应商的信用记录、资质等资料是否真实,是否符合规范;重点关注专家库的变化,抽取的评审专家是否合乎情理,是否具有专业性和独立性;对事后监督是指高校在采购过程结束后,针对已经完成的采购项目所收到的投诉和质疑,高度重视历史采购分析总结,反向追责落

实到人。因此，在今后的工作中，招标办必须总结缺失和不足，分析原因，吸取经验教训，加以改进。

2. 完善采购业务监督审核机制

H高校可以以内部控制条例为指导，通过自己内部的各个步骤对政府采购活动进行内部控制和监督，从而对内部控制中出现的问题能够做到及时识别，并能及时得到解决。

第一，应对H高校全方位、多层次的采购流程和管控流程进行监管，确保H高校内部控制职能得到正常有效的贯彻落实。对政府采购活动涉及的各个环节，内部审计、纪检监察部门应进行全面监督，切实做到件件有记录、事事有回音。对于审核过程中出现的政府采购方面的问题，内部审计师事后必须不间断地与有相关备案的部门进行沟通、纠正，最终，内审人员结合自己的专业知识和经验，提交一份独立的内审报告，对内审结果作出相应说明。

第二，H高校要健全监督管理体系，逐步推行相互制衡的监督分离的工作格局。比如，对各部门的采购计划的编制和汇总工作由计划财务处负责监督；对采购立项的合理性、有效性由审计处具体负责；工会负责对验收环节的监督，并对合同履行情况进行监督；招标办负责监督招标投标人员的各种资格，以及科学规范地进行招标文件的审核工作。监督抽取招标代理机构及评标专家的过程，由纪委监督室负责进行开标、唱标工作；并对采购监督的要求作进一步的规范，建立责任追究机制。通过完善H高校采购业务的监督和管理机制，并将其与能够保证监督常态化的采购业务充分有效地结合起来，以达到为实现采购目标提供制度保障。

H高校优化后的政府采购监督流程如图7-8所示。

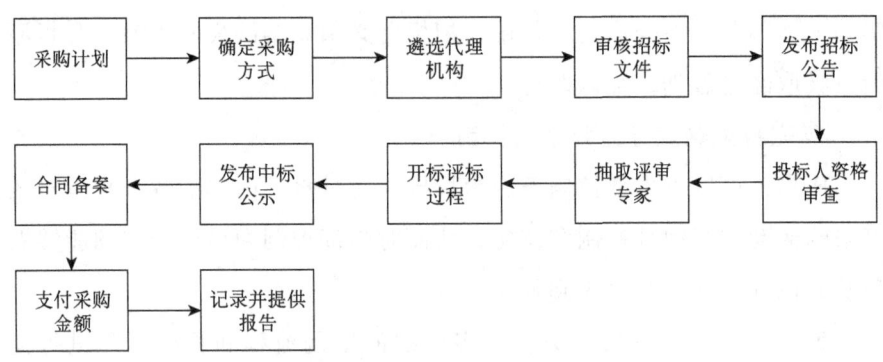

图 7-8 政府采购监督流程图

二、强化外部监督

高校要充分做好外部监督管理工作,这样有利于高校更加重视政府采购质量,通过为政府采购业务建立起健全的内控制度,将有助于学校营造良好的校园文化环境。

1. 主动接受外部监督

据相关法规和政策规定,高校采购业务需要受到行政监督。因此,H 高校应在高度重视本单位内部控制的基础上,主动接受外部监督,特别是教育部门、纪检部门的专项检查、财政部门巡视组的巡视等,这些行政监督的手段可以推动单位建设并完善采购业务内部控制制度,保证高校采购业务合法合规。

2. 聘请独立的社会审计来提高内部控制效果

社会审计与内部审计的区别在于社会审计更加客观,可以进一步提高 H 高校的审计效率和质量。同时,社会审计要求审计信息公开,相关审计流程透明,违规操作的风险相对于内审部门和部门领导干部一起舞弊的风险要小一些。因此,H 高校可以通过出具审计报告、单位内部控制报告等方式,聘请独立的第三方会计师事务所,使 H 高校的政府采购业务更加规范、高效,主动接受社会监督。

3. 主动公开政府采购相关信息

政府采购的相关信息应根据法律法规的要求，主动公开，供公众申请获取。一是在单位官网的信息公开、法规文件栏目中，主动公布政府采购相关规定和制度，以提高政务信息的透明度，增强公众对政府部门的信任，使权力在阳光下运作。二是在官方网站信息公开栏目中开辟一个关于政府采购的专栏，除涉密项目外，主动公开全部政府集中采购项目执行情况。三是按照财政部门的要求，将本单位政府采购内部控制报告与年度决算报告一同在单位官网公开。

参考文献

[1] 第九届全国人民代表大会.《中华人民共和国会计法》[M]. 北京：经济科学出版社，1999.

[2] 吴进. 有效的内部控制是单位正常运行的可靠保障[N]. 中国会计报，2021-10-22.

[3] 胡怡建. 上海财政运行实证研究[M]. 上海：上海财经大学出版社，2006.

[4] 朱毅. 国货采购形式堪忧[N]. 政府采购信息报，2008-03-31.

[5] 李鸣等. 公共采办研究[M]. 北京：经济科学出版社，2005.

[6] 张旭东. 政府采购非招标采购方式管理应突出采购人主体责任[N]. 中国政府采购报，2021-09-10.

[7] 陈丹. 高校政府采购管理问题分析及对策建议[J]. 中国市场，2019（32）：101-102.

[8] 于落川. 会计人员继续教程[M]. 长春：长春出版社，2000.

[9] 财政部：2023年全国政府采购规模33929.6亿元[EB/OL]. https：//m.thepaper.cn/newsDetail_forward_28742701.

[10] 庞广荣，刘申忠. 高校政府采购内部控制机制有效构建[J]. 经济研究导刊，2019（24）：124-125.

[11] 乐佳超. 谋篇深化改革布局今后工作[N]. 中国政府采购

报，2018-12-14.

［12］王跃普．行政事业单位政府采购内部控制建设研究［J］．商业故事，2021（14）：195-196．

［13］马海瑞．政府采购：四个字讲两小时［N］．政府采购信息报，2010-05-26．

［14］程娟．内部控制视角下行政事业单位政府采购机制研究［J］．财会学习，2022（02）：161-163．

［15］Russell Forbes. Governmental Purchasing［M］. New York. Happer & Brothers Publishers, 1929：23.

［16］Donald·W.·Donbler, Purchasing and Supply Management［M］. The McGraw-Hill Companies, INC. 1986, P63.

［17］Hommen, L, Rolfstam, M. Public procurement and innovation：towards a taxonomy［J］. Journal of Public Procurement, 2007, 9（1）：17-56.

［18］R. Preston McAfee, John McMillan, Auctions with entry［J］. Economics Letters, 1987, 23（4）：343-347.

［19］姜爱华．中国政府采购制度改革：成就、挑战与对策［J］．地方财政研究，2018（04）：60-65．

［20］姜爱华，陆媛．政府采购信息公开：问题与对策［J］．中国财政，2017（16）：37-40．

［21］张凤梅，郑道清．政府采购存在的问题及对策建议［J］．财经界，2018（05）：14-16．

［22］汪迎兵，毕金平．政府采购履约验收的同业监督机制：机理及适用［J］．江淮论坛，2020（02）：126-133．

［23］王燕．会计内部控制在事业单位财务管理中的应用探讨［J］．财经界，2020（30）：193-194．

［24］肖建华，谢璐华．政府采购、市场竞争与省域创新能力

[J]. 财经理论与实践, 2020, 41 (05): 90-96.

[25] Beng Wee Goh, Dan Li. Internal Controls and Conditional Conservatism [J]. The Accounting Review, 2011, 15 (3): 975.

[26] Omer Dekel, Amos Schurr. Cognitive Biases in Government Procurement – An Experimrntal Study [J]. Review of Law and Economics, 2014, 10 (2): 169-200.

[27] 顾倩, 吴金栋, 刘剑文. 基于内部控制视角的高校政府采购机制研究 [J]. 实验技术与管理, 2021, 38 (01): 239-246.

[28] 郭定方, 徐昕恺. 建设全国政府采购信息化基础设施-助力"一带一路"政府采购体系构建 [J]. 中国财政, 2018 (14): 58-60.

[29] 尹律, 徐光华. 关于行政事业单位内部控制信息披露的探讨——基于国家治理的视角 [J]. 审计研究, 2015 (04): 74-79.

[30] 陶新平, 袁敏. 行政事业单位内部控制建设: 问题与改进 [J]. 财务与会计, 2020 (22): 83-84.

[31] 张家瑾. 我国政府采购市场开放研究 [M]. 北京: 对外经济贸易大学出版社, 2008.

[32] 王金秀, 邹良禹. 政府采购绩效评价研究 [J]. 中国政府采购, 2018 (10): 30-34.

[33] 刘剑文. 财税法学研究述评 [M]. 北京: 高等教育出版社, 2004.

[34] 左玉生. 高校政府采购的困境与出路分析 [J]. 东南大学学报 (哲学社会科学版), 2023, 25 (S1): 22-26.

[35] 宗煜. 政府采购概论 [M]. 成都: 电子科技大学出版社, 2007.

[36] 张颖, 郑洪涛. 企业内部控制 [M]. 北京: 机械工业出版社, 2009.

[37] 柏菊, 赵林林. 内部控制概念研究述评: 历史与逻辑统一视

角[J].财会月刊,2018(07):137-142.

[38] 胡浩.基于风险管理的内部控制研究[J].全国流通经济,2019(23):77-78.

[39] 李敏.企业内部控制简明教程[M].上海:立信会计出版社,2009.

[40] 庄少武.国有企业内部控制理论与实践研究[J].现代商业,2013(18):125-126.

[41] 张跃明.高校内部会计控制质量评价体系建设探究[J].中国管理信息化,2016,19(22):22-23.

[42] 孙永尧.政府内部控制概念研究[J].财政科学,2020(02):72-81.

[43] 杜美杰.信息系统与会计内部控制[M].北京:清华大学出版社,2004.

[44] 易和平,张文浩.浅析我国企业内控制度建设[J].当代经济,2006(08):78-79.

[45] 刘玲,孙益全.我国企业内部控制中存在的问题及其完善——COSO报告的影响和借鉴[J].现代农业,2008(08):95-96.

[46] 王铮.内部控制在企业内审中的作用研究[N].财会信报,2022-10-24.

[47] 郑盼.论私募股权基金的组织形式及我国的选择[J].法制与社会,2014(18):157-158.

[48] 王书林.国有上市公司控制权转移效率研究:控制权收益分析[M].南京:江苏人民出版社,2012.

[49] 陈琦.非政府组织在中国的生存困境——以制度经济学的视角[J].天水行政学院学报,2012,13(04):50-53.

[50] 李红权,张春宇.政府采购的寻租风险及其防控[J].理论探讨,2010(04):84-87.

[51] 严恒元. 信息不对称理论揭示了市场体系中的缺陷 [N]. 经济日报, 2001-10-13.

[52] 邹东涛. 经济中国之新制度经济学与中国：在中国社科院研究生院听著名经济学家演讲 [M]. 北京：中国经济出版社, 2004.

[53] 夏镇平. 跷跷板游戏——公共管理比较研究 [M]. 上海：上海大学出版社, 2005.

[54] 孙豆豆. 经济学常识 1000 问 [M]. 北京：新世界出版社, 2011.

[55] 詹翊. 公共管理理论视角下的高校管理改革路径 [J]. 中国成人教育, 2018 (05)：58-60.

[56] 郭少华. 无缝隙政府理论视角下的社会管理创新研究 [J]. 商业时代, 2014 (02)：106-108.

[57] 董洪亮. 统筹推进世界一流大学和一流学科建设总体方案 [N]. 人民日报, 2015-11-06.

[58] 任友群. 学习贯彻党的二十大精神筑牢高校教师队伍思想之基 [J]. 中国高教研究, 2023 (02)：1-6.

[59] 赵婷, 戴咏梅. "放管服"背景下的高校采购信息化建设实践与探索 [J]. 实验室研究与探索, 2020, 39 (12)：271-274.

[60] 左玉生, 李欣怡, 刘加彬. 网上竞价对高校政府采购管理的影响 [J]. 实验室研究与探索, 2021, 40 (07)：270-273+278.

[61] 吴冠仪. 高校政府采购管理工作的"双控"体系研究 [J]. 实验室研究与探索, 2018, 37 (08)：294-298.

[62] 陈柠晖. 高校科研项目采购供应链的管理与创新研究 [J]. 江西科技师范大学学报, 2022 (05)：65-70+94.

[63] 于盼盼. 论高校仪器设备招标采购前加强调研工作的对策 [J]. 中外企业家, 2019 (21)：220.

[64] 曹富国. 《中华人民共和国政府采购法》释义 [M]. 北京：

机械工业出版社,2002.

[65] 梁梦雪.疫情期间如何开展"不见面"形式的竞争性谈判[J].中国招标,2020(11):82-84.

[66] 廖少刚,熊小刚.政府采购[M].北京:对外经济贸易大学出版社,2013.

[67] 刘雯.政府采购和评审工作适合方式及改进策略的探究[J].当代会计,2019(18):92-93.

[68] 祁映雪.谈PPP项目采购[J].科技经济导刊,2019(23):58.

[69] 沈婷婷.单一来源政府采购方式审批管理面临的突出问题与对策探讨[J].现代商业,2019(22):120-121.

[70] 刘英雷,武永清.简析政府框架协议采购方式对国企采购的启发[J].消费导刊,2022(25):145-148.

[71] 刘菲菲.论政府采购交易机制的重构路径——以《政府采购法》的修订为视角[J].中国政府采购,2022(11):41-47.

[72] 孙志传."放管服"背景下高校政府采购内控管理应对研究[J].中国市场,2021(08):161-162.

[73] 杜广源,李德华.采购人"错位"影响采购主体责任的制度反思[J].中国招标,2022(10):51-54.

[74] 李伟,秦绪伟.政府采购需求标准化建设研究[J].中国政府采购,2021(10):33-35.

[75] 赵勇.从采购对象属性到采购需求管理[J].中国招标,2021(09):13-16.

[76] 翟晖,司佳.基于内部控制视角的采购管理优化策略研究[J].中国政府采购,2022(04):38-42.

[77] 财政部关于印发《政府采购需求管理办法》的通知[EB/OL].http://gyzczx.czmc.edu.cn/info/1027/20733.htm.

[78] 王颖斐. 如何让政府采购意向公开的制度设计落到实处[J]. 中国招标, 2020 (09): 17-19.

[79] 唐世青, 张艳, 高雅楠. 财政监管视角下对政府采购意向公开制度的认识[J]. 水利发展研究, 2020, 20 (08): 49-50.

[80] 林日清. 采购人主体责任要点分析[J]. 中国招标, 2022 (10): 48-50.

[81] 冯君. 优化营商环境,财政部向九种政采行为"发警报"[J]. 中国招标, 2019 (31): 11-12.

[82] 孙成春. 浅析政府采购代理存在的问题和对策[J]. 经营管理者, 2021 (06): 100-101.

[83] 黄晓庆. 全面质量管理在产品制造过程中的应用[J]. 电力设备管理, 2021 (08): 189-191.

[84] 黄安琳. 加强事业单位政府采购内部控制的措施[J]. 今日财富(中国知识产权), 2022 (03): 46-48.

[85] 李明山. 如何加强事业单位的内部控制建设[J]. 纳税, 2019 (23): 285.

[86] 柳瑾. 行政事业单位内部控制探析[J]. 中国集体经济, 2020 (8): 18-19.

[87] 苏露露. 内控视角下完善基层行政单位预算管理的思考[J]. 纳税, 2020 (7): 127-128.

[88] 刘中阳, 陆泽安. 科研事业单位国有固定资产管理内部控制分析[J]. 农业科技管理, 2020, 39 (05): 87-90.

[89] 廖万霜, 骆伟雄. 行政事业单位内控建设精细化浅谈[J]. 交通财会, 2021 (1): 58-65.

[90] 彭倩, 隋娟娟. 分级管理模式下加强高校二级院系财务管理的途径[J]. 纳税, 2020, 14 (25): 85-86.

[91] 郭惠. 加强企业财务内部控制的探讨[J]. 全国流通经济,

2019（21）：47-48.

[92] 易进伟. 疫情防控常态化下高校财务管理问题研究 [J]. 当代经济，2022，39（01）：84-88.

[93] 陈由辉. 高等院校内部控制体系建设研究 [J]. 合作经济与科技，2019（22）：138-141.

[94] 刘平. 基于制度文化视角的高校内部控制研究 [J]. 行政事业资产与财务，2019（01）：57-58.

[95] 王阳，许静娴，李健."双一流"背景下内部控制审计改善高校控制环境的思考 [J]. 行政事业资产与财务，2020（21）：75-77+59.

[96] 张志强. 高校内部控制规范化对维护校园稳定与促进依法治校的作用 [J]. 教育现代化，2019，6（29）：227-228.

[97] 陈金辉，刘芳. 高校教育管理内部控制评价量表的研究 [J]. 教育现代化，2019，6（54）：164-166+175.

[98] 胡耀芳. 粮食和物资储备系统财务信息化建设的思考 [J]. 商业会计，2020（05）：86-89.

[99] 俞校明. 高校内控制度如何更好地转化为治理效能 [J]. 现代审计与会计，2020（04）：23-26.

[100] 赵团结. 地方高校完善内部控制体系的几条建议 [J]. 会计师，2020（23）：46-47.

[101] 祁映雪. 浅谈《政府采购货物和服务招标投标管理办法》[J]. 职工法律天地，2019（10）：82-83.

[102] 戴央央. 新形势下加强中等职业学校固定资产管理的研究 [J]. 经贸实践，2017（22）：62-63+66.

[103] 王金霞. 内部控制评估方法与最佳实践 [J]. 中国集体经济，2024（07）：50-53.

[104] 曲京山等. 基于ANP-Fuzzy模型的高校内部控制评价体系

研究——以 H 高校为例［J］. 会计之友，2022（18）：121 - 127.

［105］汪扬. 基层治理视域下城市社区公共服务供给现状研究［J］. 就业与保障，2020（14）：172 - 173.

［106］李笑梅. 多指标综合评价方法综述［J］. 统计与管理，2022，37（02）：45 - 48.

［107］张玉. 高校内部控制模糊综合评价模型的构建与应用［J］. 安徽理工大学学报（社会科学版），2020，22（02）：54 - 58.

［108］陈迎春. 机场公司内部控制体系建设存在的问题与应对策略［J］. 财会学习，2022（32）：164 - 166.

［109］张荣军. 县级行政事业单位内部控制建设初探［J］. 交通财会，2014（08）：21 - 25.

［110］王润轩. 企业合同管理中相关法律问题［J］. 法制博览，2024（17）：139 - 141.

［111］王宏强. 企业财务管理信息化发展存在的问题与完整对策［J］. 财会学习，2018（02）：89.

［112］王宝，高秋梅. 决策阶段风险分析的模糊综合评判法［J］. 低温建筑技术，2005（02）：110 - 112.

［113］朱铎辉，吴志军，张玉峰. 基于层次分析法的供应商评价模型的研究［J］. 计算机应用研究，2004（06）：90 - 91 + 96.

［114］史哲齐等. 基于 TOPSIS - AHP 法的石化企业环境风险筛选研究［J］. 南开大学学报（自然科学版），2020，53（01）：17 - 25.

［115］丁盛，马小利. 基于模糊数学理论的既有桥梁综合利用方案评估［J］. 福建交通科技，2020（01）：54 - 59 + 63.

［116］巩鑫. 基于层次分析法的会计电算化技能研究［J］. 商业会计，2015（06）：121 - 123.

［117］张婉晴，王华丽. 基于 AHP - FCE 模型的贫困地区驻村帮扶绩效评价——以阿克苏地区为例［J］. 干旱区资源与环境，2021，35

（06）：30-38.

[118] 梁彩情. AHP+改进模糊综合评价法在财务共享服务中心构建选址决策中的应用研究[J]. 财会学习，2021（23）：28-30+194.

[119] 付玉芳，阮慧. 高校政府采购专家资源的问题分析与管理对策探讨[J]. 实验室科学，2014，17（05）：162-164.

[120] 王甜. 内部控制在企业财务风险管理中的应用探究[J]. 财会学习，2023（36）：56-58.

[121] 胡军伟. 基于经济学角度下的高职院校政府采购行为风险点探析与防范[J]. 北京工业职业技术学院学报，2015，14（02）：98-100.

[122] 陈绮. 公办高职院校人事代理制度现状及发展对策研究——以黎明职业大学为例[J]. 黎明职业大学学报，2015（03）：62-66.

[123] 刘志浩等. 潜在变量模型在健康素养中的应用研究[J]. 中国健康教育，2015，31（05）：500-501+504.

[124] 王芳，胡峰. 网络能力对代工企业技术创新的影响机制研究[J]. 科技管理研究，2015，35（23）：25-29+35.

[125] 胡琴芳等. 国有企业社会绩效的量表开发与检验[J]. 生产力研究，2017（08）：128-132+155+161.

[126] 陶然. 从统计数据质量角度谈调查问卷的设计质量[J]. 市场研究，2007（11）：43-45.

[127] 宋玲玲. 基于知识图谱和LibQUAL模型的高校图书馆学科服务质量评估指标监测机制研究[J]. 图书馆学研究，2019（10）：75-83.

[128] 高艳. 基于WSR的医院知识团队绩效研究[J]. 武汉理工大学，2013.

[129] 李随成等. 三元采策略的影响因素研究[J]. 南开管理评论，2014，17（06）：126-138.

[130] 殷作洋. 安全生产风险管理体系在电网工程建设中的研究与应用 [J]. 机电工程技术, 2020, 49 (09): 198-200.

[131] 中国人民银行赤峰市中心支行课题组. 基层央行全面实施预算绩效管理的实践与思考——以内蒙古自治区某地市中心支行为例 [J]. 北方金融, 2019 (07): 71-74.

[132] 吴孝春, 王颖茜. 高校设备采购内部控制关键点设计研究 [J]. 教育财会研究, 2018, 29 (04): 42-45+75.

[133] 揭晓萍. 政府采购下的采购方式选择 [J]. 金融经济, 2015 (06): 117-119.

[134] 韩光军. 销售人员培训与管理教程 [M]. 北京: 经济管理出版社, 2004-9-1.

[135] 崔卫卫. 四川师范大学健全内控制度-助推采购提质增效 [N]. 政府采购信息报, 2019-04-22.

[136] 陈捷. 建设工程招投标与合同管理 [M]. 郑州: 郑州大学出版社, 2011-08-31.

[137] 艾菁. 开封: 加强内控管理促进政采提质增效 [N]. 中国政府采购报, 2019-07-19.

[138] 汪泳. 令人纠结的单一来源采购申请 [N]. 中国政府采购报, 2013-06-18.

附录1：高校政府采购内部控制相关法律制度

一、政府采购相关法律制度

我国政府采购法律法规体系以《中华人民共和国政府采购法》《中华人民共和国政府采购法实施条例》为核心，同时涉及《预算法》《合同法》《招标投标法》等法律，以及财政部门发布的相关规章文件，各省级财政部门发布的相关文件组成。具体有：

1. 法律、条例：《中华人民共和国招标投标法》（1999）、《中华人民共和国政府采购法》（2002）、《反垄断法》（2007）、《中华人民共和国政府采购法实施条例》（2015）、《预算法》（2020）、《合同法》（1999）等。

2. 针对具体业务的财政部规章及规范性文件：《政府采购信息公告管理办法》《政府采购非招标采购方式管理办法》《政府采购货物和服务招投标管理办法》《政府采购进口产品管理办法》《财政部关于推进和完善服务项目政府采购有关问题的通知》《政府采购竞争性磋商采购方式管理暂行办法》《财政部关于做好政府采购信息公开工作的通知》《政府采购质疑和投诉办法》《关于在市场体系建设中建立公平竞争审查制度的意见》（2016）、《公平竞争审查制度实施细则（暂行）》（2017）、《关于促进政府采购公平竞争优化营商环境的通知》（2019）、《政府采买服务管理办法》（2020）等。

《关于完善中央单位政府采购预算管理和中央高校、科研院所科研仪器设备采购管理有关事项的通知》（财库〔2016〕194 号）、中央全面深化改革委员会 2018 年通过的《深化政府采购制度改革方案》《财政部关于开展政府采购意向公开工作的通知》（财库〔2020〕10 号）《关于印发政采购需求管理办法的通知》（财库〔2021〕22 号）《关于改革完善中央高校预算拨款制度的通知》（财教〔2015〕467 号）。

本书所选取的法律法规主要是针对高校政府采购业务关联性强、与实务操作紧密相关的规章制度。具体有：

1. 2002 年全国人民代表大会常务委员会颁布了《中华人民共和国政府采购法》（2014 年修正），对政府采购概念作出了明确的定义，并规范了政府采购方式的选择与变更、采购合同的签订与履行、采购项目的验收与付款、采购质疑投诉的回复与处理、采购活动的监督与检查等一系列的政府采购行为，加强政府采购廉政建设。

2. 2016 年财政部颁布《关于进一步加强政府采购需求和履约验收管理的指导意见》，明确规范了采购需求确定和履约验收管理工作，确保从源头和结果对政府采购业务活动加强管理。

3. 2018 年中央全面深化改革委员会第五次会议通过《深化政府采购制度改革方案》，指出应坚持以问题为导向，建立健全具有现代特色的政府采购制度。

二、内部控制相关法律制度

行政事业单位内部控制相关的法律制度包括《会计法》《内部会计控制规范——基本规范（试行）》（财会〔2001〕41 号）、《内部会计控制规范——采购与付款（试行）》（财会〔2002〕21 号）以及《行政事业单位内部控制规范（试行）》（财会〔2012〕21 号）等。

附录1：高校政府采购内部控制相关法律制度

本书内部控制相关法律制度主要有：

1. 2012年财政部发布《行政事业单位内部控制规范（试行）》明确阐释了行政事业单位内部控制的定义、目标和方法，使单位更加清晰明了如何分别针对单位层面和业务层面加强内部控制建设。

2. 2015年财政部颁布了《关于全面推进行政事业单位内部控制建设的指导意见》（以下简称《内部控制建设指导意见》），要求单位对权力进行制约，加强廉政建设，同时做好内部控制报告工作，积极发挥内部控制评价对内部控制建设的监督与促进作用。

3. 2016年教育部印发了《教育部直属高校经济活动内部控制指南（试行）》，为高校自主评价内部控制建设水平和政策实施有效性提出了明确的指引方向，规定了高校内部控制建设的主要工作内容，高校内部控制建设工作即将迎来新一轮的蓬勃发展。

4. 2016年财政部发布了《关于开展行政事业单位内部控制基础性评价工作的通知》（以下简称《基础性评价通知》），分别对单位和业务两个层面的重要风险的控制情况进行打分，为以后对内部控制评价的进行量化研究提供了参考作用。

5. 2016年财政部颁布了《财政部关于加强政府采购活动内部控制管理的指导意见》（以下简称《指导意见》），明确了政府采购内部控制管理的强化措施，有利于推进采购廉政建设。

6. 2017年财政部发布了《行政事业单位内部控制报告管理制度（试行）》严格规范了内部控制报告的格式的内容，更加便于报告使用者清晰明了的理解内部控制信息，提高了内部控制及评价的工作效率。

7. 2021年财政部颁布《关于开展2020年度行政事业单位内部控制报告编报工作的通知》（以下简称《编报通知》），对单位的内部控制评价报告的编报方式和内容提出了具体的规定和要求，便于提高内部控制信息质量。同时，还规定了报送时间，有利于维持内部控制评价报告的及时性，便于单位所作决策更具有针对性和时效性。

附录2：H高校政府采购内部控制调查问卷

尊敬的女士/先生：您好！本次问卷旨在了解H高校政府采购业务内部控制的实际情况，为后续分析H高校采购业务内部控制存在的问题提供数据。本问卷仅用于学术研究，不会泄露您的信息。选项的内容没有对错的分别，请根据您对贵校实际情况的了解做出相应的判断和评价。感谢您抽出宝贵的时间支持本研究！

一、基本情况调查

1. 您的性别？

A. 男（   ）　　　　　　　　B. 女（   ）

2. 您的学历是？

A. 本科以下（   ）　　　　　B. 本科（   ）

C. 研究生及以上（   ）

3. 您从事高校采购相关研究或实务的年限？

A. 5年及以下（   ）　　　　 B. 5～10年（   ）

C. 10年及以上（   ）

4. 您的身份的是？

A. 从事高校采购相关实务工作（   ）

B. 采购监管部门（ ）

C. 研究内部控制相关的学者（ ）

D. 供应商（ ）

5. 您的具体职务是？

A. 具体工作人员（ ）　　　　B. 部门负责人（ ）

C. 分管领导（ ）　　　　　　D. 其他（ ）

二、H 高校政府采购业务内部控制的现实水平评价

本问卷将评价等级分为非常同意、同意、一般/不清楚、不同意、非常不同意五个级别对 H 高校政府采购业务内部控制的现实水平进行评价，目的是了解各影响因素在 H 高校政府采购业务内部控制过程的实际表现。请据您对该校政府采购业务实际情况的了解，在相应的评价栏目中画√：

一级指标	二级指标	问题	非常同意	同意	一般/不清楚	不同意	非常不同意
单位层面	控制环境	1. 已组建采购领导小组并且运行良好					
		2. 采购业务中不相容岗位能够互相分离					
		3. 采购业务活动各项职责界定明晰					
		4. 有专人负责采购业务					
		5. 学校将各部门内控制度建立完善、执行和有效性评价结果纳入部门考核（目标考核、绩效考核）					
	制度建设	6. 已建立健全采购管理制度					
		7. 采购内部控制制度已建立并严格执行					
		8. 开展内部控制关键岗位工作人员业务培训和职业道德教育					
		9. 实行内部控制关键岗位工作人员的轮岗制度，明确轮岗周期					

续表

一级指标	二级指标	问题	非常同意	同意	一般/不清楚	不同意	非常不同意
单位层面	信息与沟通	10. 采购信息能够定期在内部OA系统和外部门户网站公开					
		11. 采购有关部门和业务科室之间能够沟通合作					
		12. 已建立健全信息与沟通制度并执行良好					
	内部监督	13. 投诉人对采购过程中的任何内容向校审计监察部门提出投诉，学校监察处收到投诉书后应组织相应调查取证工作，并能在30个工作日内按照规定作出书面处理决定，并以书面形式通知投诉人和与该事件相关的参与人					
		14. 审计/督查/巡查在采购内部控制的作用很大					
		15. 单位自身或监管部门能够针对采购业务进行持续监控和开展专项监督					
		16. 对监督检查发现的问题及时整改					
	风险评估	17. 单位采购方面的风险管理意识强，有专门的机构和人					
		18. 每年都会定期对采购业务开展风险评估					
		19. 针对采购业务风险评估结果形成评估报告和内部控制手册					
业务层面	预算和采购计划编制	20. 采购预算编制前各业务部门经过充分市场调研和沟通					
		21. 严格按照财政批复采购预算编制采购计划情况					
	采购计划审批	22. 采购计划审批环节内部控制整体实施效果良好，不存在审批流程不严谨等问题					
	采购方式	23. 严格按照法律法规和上级主管部门要求确定采购方式					
	采购需求	24. 采购需求明确、不具有倾向性和排他性					
	招投标程序	25. 投标程序规范或评审过程不存在倾向性					
	签订合同	26. 及时签订采购合同或采购合同与招投标文件一致					

附录2：H高校政府采购内部控制调查问卷

续表

一级指标	二级指标	问题	非常同意	同意	一般/不清楚	不同意	非常不同意
业务层面	验收、资金拨付及档案管理	27. 采购归口管理部门牵头组织验收工作，邀请采购使用部门、监督部门等多方共同参与验收工作，出具验收报告					
		28. 验收合格后，财务部门对采购资金进行审核，审核无误后按照付款审批流程办理付款					
		29. 能够规范记录采购内容，妥善保管相关采购文件					

189

附录3：H高校政府采购内部控制工作访谈提纲

1. 您如何理解政府采购内部控制？

2. 您是否接触过政府采购工作？如果有，具体是什么工作？您对政府采购工作的基本流程及政策熟悉程度如何？

3. 您认为H高校政府采购内部控制效果如何？是否起到防范风险的作用？

4. 您是否参加过政府采购内部控制的相关培训？如果参加过，是单位还是财政部门组织的？本部门内的其他同事是否参加过？

5. 您所在的部门政府采购是如何安排政府采购岗位的？

6. 您所在的部门是如何参与到政府采购预算编制和执行过程中的？您认为在这个过程中存在什么问题？

7. 在党组会上，采购项目是否曾经被否决过？如果有，是因为什么原因被否决？

8. 在采购工作中贵单位是如何与其他工作人员、供应商或财务部门对接的？

9. 在使用采购系统过程中是否出现不适应、难以继续操作的情况？如果有，又是如何解决的？

10. 贵单位是否曾经接受过政府采购审计？如果有，是否被检查出具体问题？是否整改到位了？

11. 贵单位是如何监督和评价政府采购内部控制工作的？具体由什么部门负责？

12. 贵单位是如何回复政府采购工作中的投诉质疑的？供应商对答复满意度情况怎样？

13. 您认为贵单位政府采购内部控制还存在什么问题？主要原因是什么？

14. 您认为贵单位在政府采购内部控制上应该如何优化？